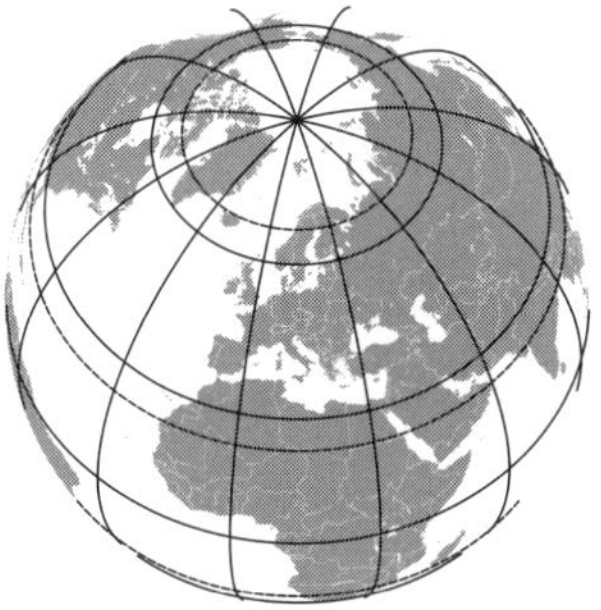

Akira Ikegami, How To See the World

池上彰の世界の見方

ドイツとEU

理想と現実のギャップ

小学館

EU（欧州連合）
European Union
（2017年現在）

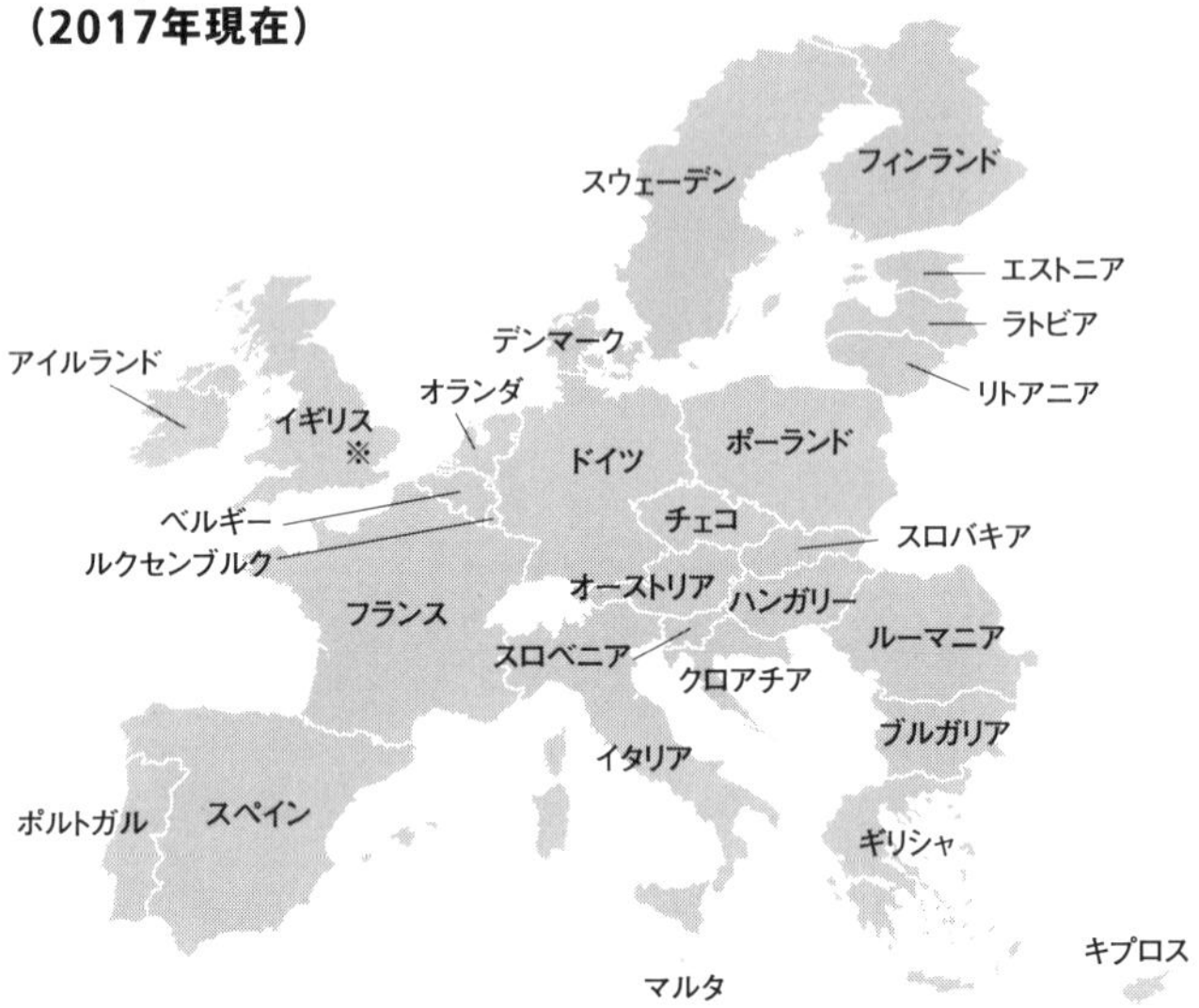

基礎データ（EU全体）

加盟国	28か国（2017年現在）
面積	429万平方キロメートル （日本の約11倍）
人口	5億820万人 （EU統計局よる暫定値、2015年）
宗教	キリスト教 （カトリック、プロテスタント、東方正教会）
GDP	16兆2204億ドル（IMF 2015年）

出典：外務省ホームページをもとに編集部が作成
※イギリスは2020年1月31日にEUを離脱

はじめに

ヨーロッパと聞くと、あなたはどこを思い出しますか？　まずはフランスやドイツでしょうか。それともイタリアでしょうか。イギリスを思いつく人もいるでしょう。でも、ポーランドやハンガリー、ブルガリアをすぐに考える人は、あまりいないでしょうね。こうした諸国もヨーロッパに属するのですが。では、ロシアはヨーロッパに入るのでしょうか。トルコはどうでしょうか。こうしてみると、「ヨーロッパとはどこか」ということすらはっきり理解していないことに気づく人もいることでしょう。

もともと「ヨーロッパ」という言葉は、ギリシャ神話に出て来る姫「エウロペ」に由来します。英語でヨーロッパは「Europe」と書きます。これをローマ字読みすると、「エウロペ」になりますね。

ギリシャ神話によりますと、エウロペとは、フェニキアの姫の名前でした。大変美しく、全知全能の神ゼウスがエウロペにひと目ぼれ。エウロペを誘惑しようと、白い牡牛《おうし》に姿を変え、海岸で花を摘んでいたエウロペの前に現れます。

エウロペが思わず白い牡牛にまたがると、牡牛は彼女を背に乗せて各地をめぐり、海を渡ってクレタ島に連れ去り、エウロペと結婚したとされています。

ゼウスがエウロペを乗せて走り回った地域。これが「エウロペ」と呼ばれるようになったとか。

ヨーロッパの起源はギリシャにあるというわけです。ヨーロッパは、ギリシャ哲学と民主主義、ローマ帝国による法制度と国教のキリスト教によって基礎が形成されました。共通の基盤があるのです。にもかかわらず、大小の国民国家が生まれると、互いに対立するようになり、たびたび戦火に見舞われます。

戦争に疲れた人々は考えます。二度と戦争が起きないようにするには、どうしたらいいか。国境をなくせばいいではないか。こうして欧州統合の動きが始まります。「ヨーロッパはひとつ」というわけです。

しかし、別々の言葉を話し、違う文化を持った人たちが一緒になるのは、実に困難でした。そんな悪戦苦闘を繰り広げながら、ＥＵ（欧州連合）が誕生しました。そこには、第二次世界大戦を引き起こし、世界から信頼を失ったドイツという国家の信頼回復への努力もありました。ドイツが信頼されるようになったので、周辺の国々は、ドイツと一緒に組むことに賛成したのです。その一方、ドイツを取り込むことでドイツに勝手なことをさせまいとする国々の思惑もありました。

ドイツの人々は、ナチス・ドイツが起こした惨劇を忘れず、徹底的に反省し、周辺の国々に謝罪を続けることで、信頼を勝ち取りました。

ドイツの努力は、２０１５年、多数の難民がヨーロッパに押し寄せた時に本領が発揮されました。１００万人もの難民をドイツが引き受けると宣言したのです。

今のＥＵはドイツによって支えられています。そのドイツの方針が揺らいだり、周辺の国との関係がおかしくなったりしたら、ヨーロッパ全体の将来に黄色信号が点《とも》ります。ですので、ドイツを視座にヨーロッパを見ていきましょう。

ヨーロッパは、ひとつにまとまることで経済力が高まり、各国のいいところを取り入れることで自由と民主主義の社会を築いてきました。これは、独裁と戦乱に苦しむ中東・アフリカ地域の人々にとって憧れとなります。「ヨーロッパの人のように豊かで安全な生活をしたい」と考えた人たちが、ヨーロッパにやってきたのです。

こうなると、「ヨーロッパは誰のものか」という問題が生まれます。これまでヨーロッパを築いてきた人たちだけのものなのか。それとも、未来の欧州人になりたいとやってくる人たちにも開かれたものなのか。ヨーロッパは今、この難問に向き合っているのです。

この難問に対して、「ヨーロッパから離脱する」という解答を出したのがイギリスでした。２０１６年の国民投票の結果、ＥＵからの離脱を決めました。

しかし、イギリスの離脱を易々《やすやす》と認めたら、あとに続く国が出るかもしれません。それを阻止するために、ＥＵの首脳たちは、イギリスに冷たく当たっています。

あらためて、「ヨーロッパとはどこか」という問題が生まれているのです。エウロペを背に乗せたゼウスは、イギリスまで渡っていたのでしょうか。

苦悩するヨーロッパ。でも、東アジアに住む私たちも、国家の統合・人々の統合に向かって進もうとしているＥＵから学ぶことは多いはずです。

「池上彰の世界の見方」というシリーズは、各地の学校の生徒さんへの授業と質疑応答によってつくられています。今回は、東京都立戸山高校のみなさんに協力をいただき、授業をしました。ヨーロッパに関して、普通の高校生以上に知識を持っている生徒たちとのやりとりは、大変刺激に富んだものでした。感謝しています。

２０１７年10月

ジャーナリスト　池上　彰

目次

池上彰の世界の見方　ドイツとEU

理想と現実のギャップ

本書の情報は２０１７年10月31日現在のものです。

第1章
「統合前史」から見るEU

ＥＵはノーベル平和賞を受賞している

２０１２年、ノルウェーのノーベル委員会は、ＥＵにノーベル平和賞を授与しました。ＥＵの正式名称はEuropean Union、「欧州（ヨーロッパ）連合」といいます。

これまでに、国際連合や国境なき医師団などの団体が受賞したことはありましたが、国家の連合体が受賞したのは初めてのことでした。では、どういう理由で受賞したのでしょう。それはＥＵが戦争のない平和な世界をつくるという大きな理想を実現するために成立し、努力してきたからなのです。２度の世界大戦という苦い経験から、もう決して戦争を起こさないようヨーロッパをひとつにしようという思いがＥＵを誕生させたのです。

２０１７年３月25日、ＥＵ発足の礎《いしずえ》となった「ローマ条約」（p55）から60周年を記念して、ＥＵの首脳会議が開かれ、ヨーロッパの団結と平和を再確認する「ローマ宣言」が出されました。

現在（２０１７年）、ＥＵには28か国が加盟しています。しかし理想を求めて統合したＥＵは、大きな転機を迎えています。ギリシャ危機による金融不安、イギリスのＥＵ離脱決定、移民・難民問題、極右と呼ばれる愛国主義や自国第一主義の台頭……。ひとつにまとまるのは嫌だ、連合体から出ていきたいという動きが大きなうねりとなって、ヨーロッパは揺れているのです。

Qでは、ここで質問です。そもそもヨーロッパとは、どこからどこまでを指すのでしょう？

——フランスやドイツ、イタリア、スペインなどユーラシア大陸のロシアより西側の国々のことだと思います。

そうだね。普通ヨーロッパ旅行へ行ってくるというと、そのあたりの国々を思い浮かべるよね。

——サッカーのヨーロッパ選手権にはロシアも参加しています！

なるほど。サッカーが好きな人は、ロシアがヨーロッパに区分されると聞いても違和感はないわけだ。実はヨーロッパの定義は、大変難しいんですね。まず外務省のホームページで確認してみましょう。ここには日本政府によるヨーロッパの地理的区分が記されています（p16地図①）。

あなたたちのイメージよりもずっと広範囲にわたっているでしょう。ロシアだけではなくカザフスタンなども、ヨーロッパに区分されていますね。

ウラル山脈
ロシア
カザフスタン
ウズベキスタン
キルギス
ジョージア
アルメニア
トルクメニスタン
タジキスタン
アゼルバイジャン
ロス
外務省HPによるヨーロッパの国々の区分
地理的区分

地図①―**ヨーロッパとは、どこからどこまでを指すか？**

――でも、カザフスタンやウズベキスタンは、ワールドカップのアジア予選で日本と戦っています。

確かに地図帳などでは、カザフスタン、ウズベキスタンあたりは、中央アジアと区分されていることも多いようです。

それでは、学校で使っている教科書を見てみましょう。そこにはどう書いてありますか。

――「ユーラシア大陸のウラル山脈より西に広がる地域」です。

なるほど、東西に広大なロシアは、西端のほうがヨーロッパだというわけですね。実際にモスクワやサンクトペテルブルクの町を歩くと、古いヨーロッパの街並みそのもの。ここはヨーロッパの文化圏なんだなと感じます。でも、ロシアの東端ウラジオストクまで来ると、北海道はもう目と鼻の先。このあたりに住んでいる人は、当然ヨーロッパだという意識は薄いでしょうね。

ロシアと国境を接しているウクライナ。西部のほうは、かつてポーランドに支配されていました。ポーランドはもちろんヨーロッパです。だから、ウクライナの西部の人たちは、自分たちはヨーロッパの一員なのだという思いを持っている。

その一方で、東部にはロシアと同じスラブ系の住民が多い。その人たちには、ウクライナ全体がヨーロッパに入ることに対して猛烈な抵抗感がある。ＥＵに入りたいという西側の住民たちと、反対する東側の住民たちの間で対立が起こり、現在も内戦状態が続いています。

ウクライナのすぐ北側にあるベラルーシ。ここはかつては白ロシア共和国と呼ばれ、ソビエト連邦を構成する一部でした。ソ連崩壊後、独立を果たしたのですが、ほとんどがスラブ系の民族。自分たちはロシアと一体であるという意識が強い。

地理的な区分でいうと、ベラルーシもヨーロッパなのですが、国民たちはヨーロッパだという意識は持っていません。地域の区分と、国民感情が一致していないのです。難しいですね（p34地図④）。

こうして見てくると、ヨーロッパとはどこからどこまでを指すのか、という問いには、実は正解がないことがわかります。地理的な区分と、歴史文化的な区分は必ずしも一致しない、ということを知っておいてください。

現代社会の起源は、ヨーロッパにあった

ヨーロッパの歴史や文化にも目を向けてみましょう。ヨーロッパは長い歴史の上に成り立っています。文化や思想を振り返ってみると、古代ギリシャにソクラテスやプラトン、

アリストテレスが登場し、「哲学」という概念が生まれます。ギリシャ哲学は、私たち日本人にとっては馴染みの薄いものですが、ヨーロッパの学校では必ず哲学の授業があり、学ぶべき教養として生活の中に根付いています。

民主主義の起源は古代ギリシャにあります。紀元前5世紀頃、アテネでは「民主政」が行われ、政治的な決定は成年男性市民が参加できる「民会」でなされました。女性や外国人は排除されていたので、本当の民主主義とは呼べませんが、政治を自分たちで行うという民主主義の概念は、古代ギリシャから始まったのですね。

現在、世界最大の宗教で、欧米社会の基礎ともなっているキリスト教も、最初は迫害されます。しかしローマ帝国が国教としたことで、大きな勢力を持つようになりました。

中世になると、キリスト教の教会の力はさらに強くなりますが、教会の権威に反発する考え方も出てきます。それが「ルネサンス」ですね。神が中心の社会から人間が中心の社会へ。もっと人間的な暮らしをしようというヒューマニズムの思想が生まれます。芸術や科学の分野では、後世にも大きな影響を与えるレオナルド・ダ・ヴィンチやガリレオ・ガリレイなどが登場しました。

ルネサンスによって、神に対する考え方に変化が起こり、その結果、宗教革命が起こります。キリスト教はカトリックとプロテスタントに分裂し、互いに激しく争います。現在

図表①—**ヨーロッパの歴史略年表**

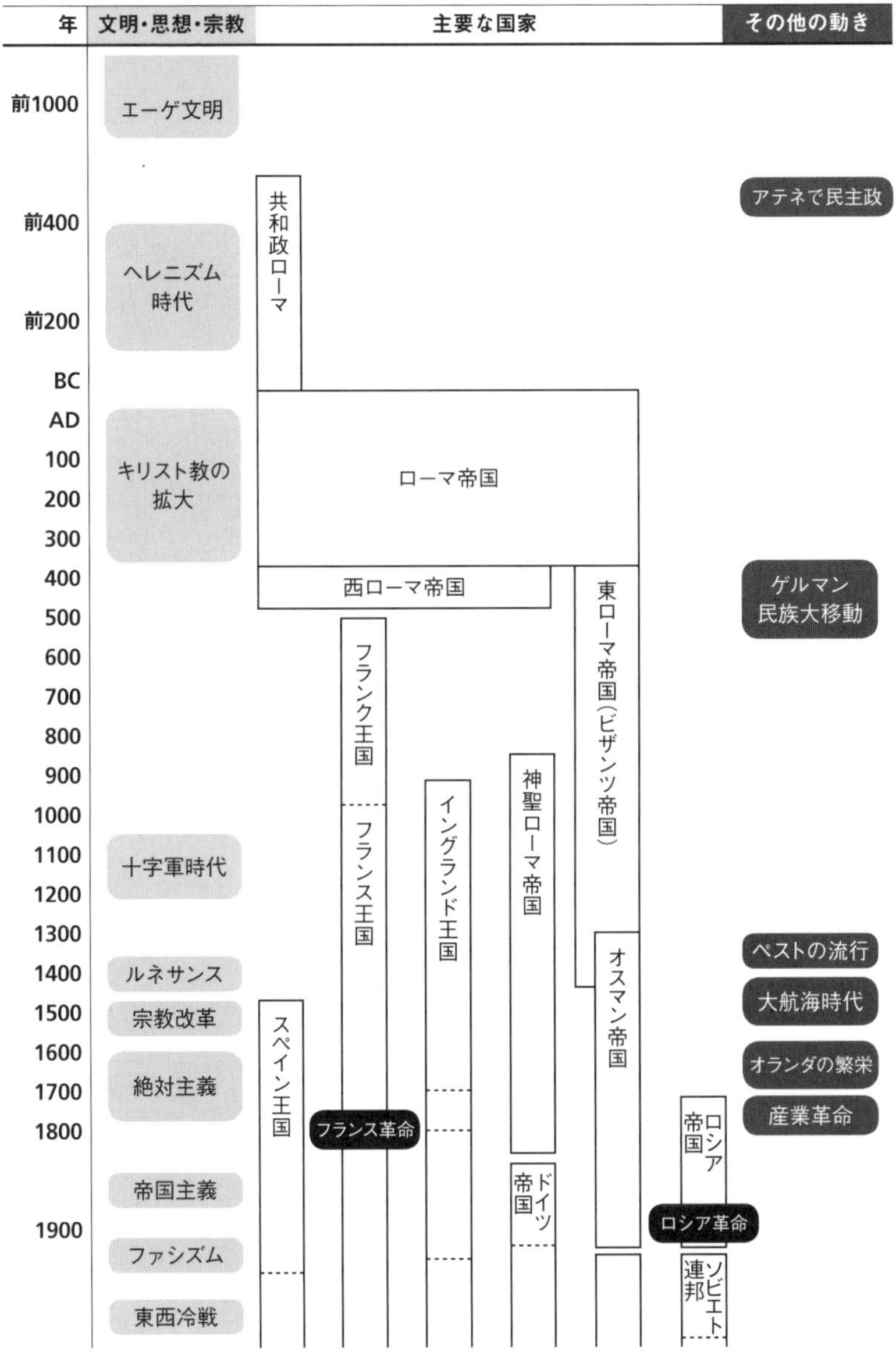

でも、ヨーロッパの国々を見ると、カトリックの国とプロテスタントの国にはっきりと色分けされます。

そして忘れてはならないのが、フランス革命です。市民革命によって王政が打倒され、市民の代表が政治を行う共和制の国家が誕生しました。フランス革命で、民主主義のもととなる「自由、平等、博愛」という人権思想が確立したのですね。

ヨーロッパの歴史（p21図表①）を見てみると、私たちの生活や学問の中で常識になっているもの、つまり現在の世界を形づくっているかなりの部分が、ヨーロッパ発祥だということがわかります。遠く離れた日本に暮らす私たちにとっても、その影響を感じずにはいられません。ヨーロッパを学ぶということは、現代社会に生きる私たちの基盤を学ぶことなのです。

長い前置きになりました。さぁ、ここから本題に入ることにしましょう。

第二次世界大戦が始まった

まずは、現在のEUに至る歴史をひもといていきましょう。そのための基礎知識として、東西冷戦時代のことを学ぶ必要があります。

Q 東西冷戦とは、どういう状態のことを指していうのでしょう？

――第二次世界大戦後のアメリカを中心とする西側諸国と、ソ連を中心とする東側諸国の対立のことです。

正解ですね。対立はしていたけれど実際に武器を持って戦ったわけではなく、牽制《けんせい》し合っていた状態です。だから冷たい戦争と呼ばれたのですね。

――第二次世界大戦中、アメリカとソ連はどちらも連合国側でした。いわば仲間ですよね。それなのになぜ戦争が終わった途端対立したのですか？

いい質問ですね。その原因を知るためには、第二次世界大戦がどんな戦争だったのかを知る必要があります。

第一次世界大戦に敗戦して、どん底状態のドイツで台頭したのがヒトラー率いるナチスです。なぜヒトラーが人気を集めたのか、それはこのあとの第4章「『ヒトラーと戦後』から見るドイツ」のところで詳しく説明します。

ドイツで独裁政権を樹立したヒトラーは、領土拡大を目指して東欧諸国への侵攻を始めます。オーストリアを併合し、1939年9月ポーランドへと侵攻したところで、イギリスとフランスがドイツに対して宣戦布告します。

こうして第二次世界大戦が始まります。しかしドイツの勢いを止めることはできません。オランダ、ベルギー、そしてフランスまでもほぼ占領されてしまいます。それほどまでに、ナチス・ドイツの勢いはすごかったんですね。

ヨーロッパを席巻するナチス・ドイツは、イタリア、日本と同盟を結んでいました。この3国に共通するのは全体主義の国だということです。全体主義とは、武力などによる独裁国家で、すべてにおいて国家が優先するという考え方。ファシズムとも呼ばれます。ドイツは、ナチ党（ナチス）、イタリアはムッソリーニが率いるファシスト党、日本は軍幹部が政府要職を独占する軍国主義です。

勢いづいたナチス・ドイツは、1941年6月、不可侵条約を結んでいたソ連にも奇襲攻撃を仕掛けます。お互いに攻め込まないという約束を破ったのですね。初め不意を突かれたソ連軍は大敗します。

Q しかし、圧倒的な勢いで攻め込んでいたナチス・ドイツ軍は、退却を始めます。それはなぜでしょう。

――ソ連は寒いから？

そうなんです。ナチス・ドイツ軍はソ連の寒さを甘く見ていたんですね。装備が極寒の冬に耐えられず、ソ連軍の反撃を受けて、退却を始めます。

勢いに陰りが見えてきたナチス・ドイツ軍にさらに敵が襲いかかります。1944年6月、アメリカとイギリスの連合軍がフランスのノルマンディーから上陸して、ドイツに向かって反撃を仕掛けたのです。この戦いは『史上最大の作戦』という有名な映画で描かれていますので、興味のある方は見てください。

東からはソ連、西からはアメリカ、イギリス連合軍が攻めてくる。ナチス・ドイツに、それを押し返す力は残っていませんでした。ソ連軍にベルリンを制圧され1945年5月にドイツは無条件降伏します。

第二次世界大戦が終わり、東西冷戦が始まった

まだ戦争中の1945年2月、ドイツ敗北の見通しがついたところで、アメリカ、イギリス、ソ連の首脳がクリミア半島のヤルタに集まって、戦後処理をどうするかについて会談を開きます。開催された場所の名前にちなんでヤルタ会談と呼ばれます。

実はこの時、ドイツの占領下から解放された東欧の地域は、自由選挙を実施し、民主的な政府をつくることで合意されていました。

ところがソ連はこの約束を守りません。ポーランド、ハンガリー、ルーマニア、ブルガリアを占領。徐々にソ連の言いなりになる社会主義国家をつくります。

チェコスロバキアだけは別でした。この国には民主主義の伝統がありました。民主的な選挙が行なわれ、連立政権が誕生します。しかし1948年、連立政権を構成していたチェコスロバキア共産党がクーデターを起こして政権を乗っ取り、結局ソ連の陣営に飲み込まれてしまいました。東ヨーロッパに、ソ連を領主とする社会主義国家群が形成されていきます。

ヒトラーのいなくなったドイツはどうなったか。ヤルタ会談の取り決めでは、ドイツも統一国家として独立が認められるはずでした。ところが、ここでもソ連が反対し、ドイツは東西に分割統治されることになります。

ソ連は、強大なドイツの復活を恐れていました。もう二度とドイツに攻め込まれたくない。そんなトラウマから、東ドイツを自分たちの傀儡《かいらい》国家にしたかったのです。

ドイツのちょうど真ん中を流れている、エルベ川を境に東西に分割。東半分はソ連が、西半分は、アメリカ、イギリス、フランスが分割して占領しました（地図②）。

ヨーロッパが、ソ連の影響を強く受けた社会主義国家と民主的な資本主義国家に分断されました。その象徴的な国が、東西ドイツだということです。ここから、社会主義国家と

地図②—**米英仏ソ4国によるドイツ分割占領**

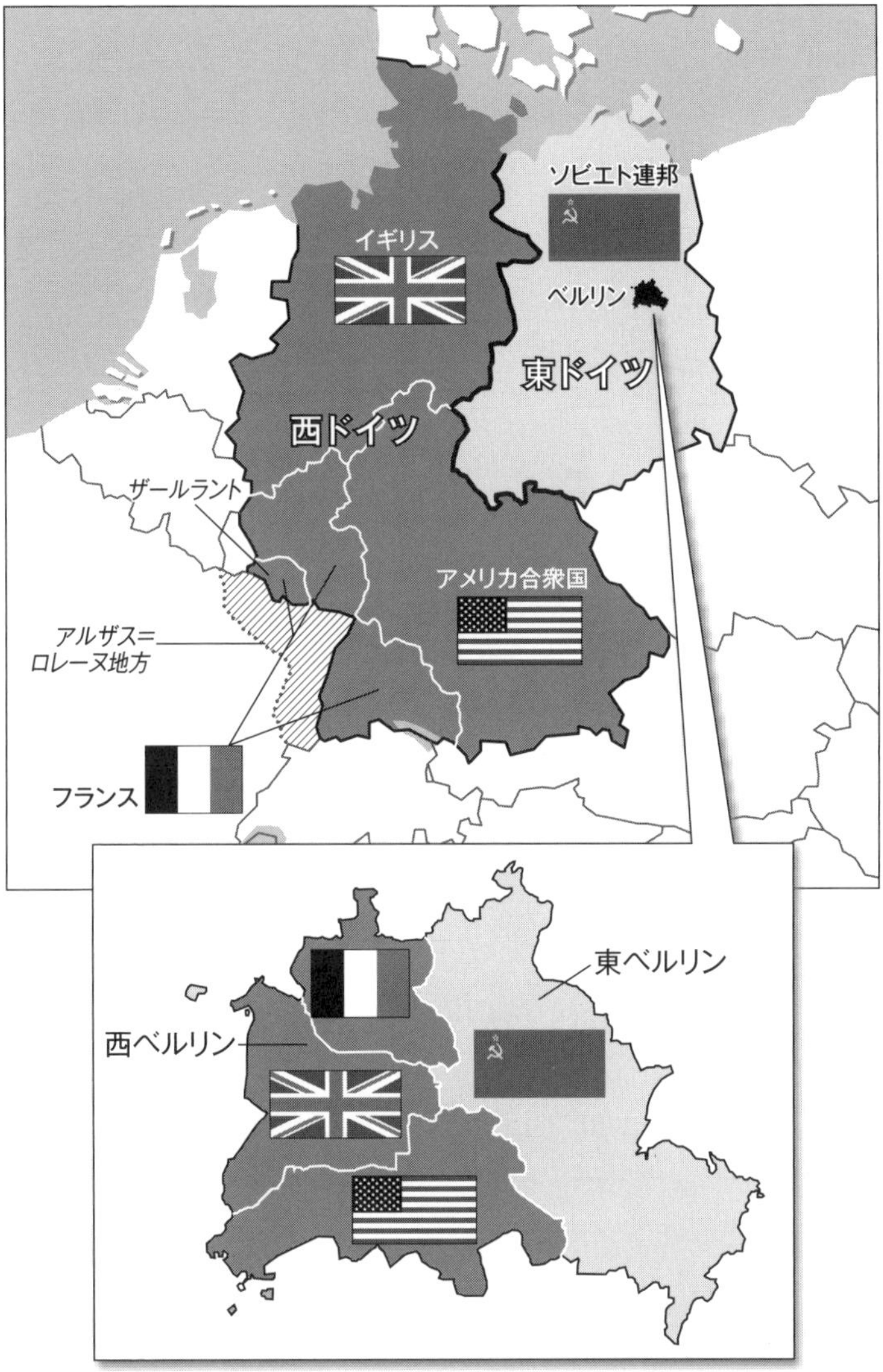

＊ザールラントはヴェルサイユ条約によりドイツから分離され、国連の管理下にあった地域
＊アルザス・ロレーヌ地方は第二次世界大戦後フランスに復帰

資本主義国家がにらみ合う状態、いわゆる東西冷戦時代が始まりました。

第二次世界大戦の時、とにかくナチス・ドイツが諸悪の根源だ、と西側諸国はソ連がどんな国かよく知らないまま連合を組んで一緒に戦いました。しかし、終戦後ソ連の支配下に入った東ヨーロッパの国々は、突然鎖国のような状態になりました。ソ連の支配下で何が起こっているのか、まったくわからなくなったのです。

その様子を称して、イギリスのチャーチル元首相は講演旅行中のアメリカで「鉄のカーテンが降ろされた」という有名な演説を行いました。

ドイツは、東西に分割されました。フランスもドイツに占領されていたせいで弱体化しています。その他のヨーロッパの国々も一つひとつは小さな力しかありません。

一方、ソ連は強大な国家です。さらに東ヨーロッパに自分の言いなりになる国をたくさんつくりました。西側の国々は、もしソ連から攻撃されたらひとたまりもありません。そこで、西ヨーロッパの国がまとまって大きな軍事力を持つ計画が持ち上がりました。

それが「ＮＡＴＯ（North Atlantic Treaty Organization／北大西洋条約機構）」です。ＮＡＴＯに加盟している国のどこか１か国でも攻撃されたら、全加盟国に対する攻撃とみなして、協力して反撃する、というのがＮＡＴＯの趣旨。「集団的自衛権」を行使するという考え方です。

地図③—**ヨーロッパのNATO加盟国とワルシャワ条約機構加盟国**（1955年）

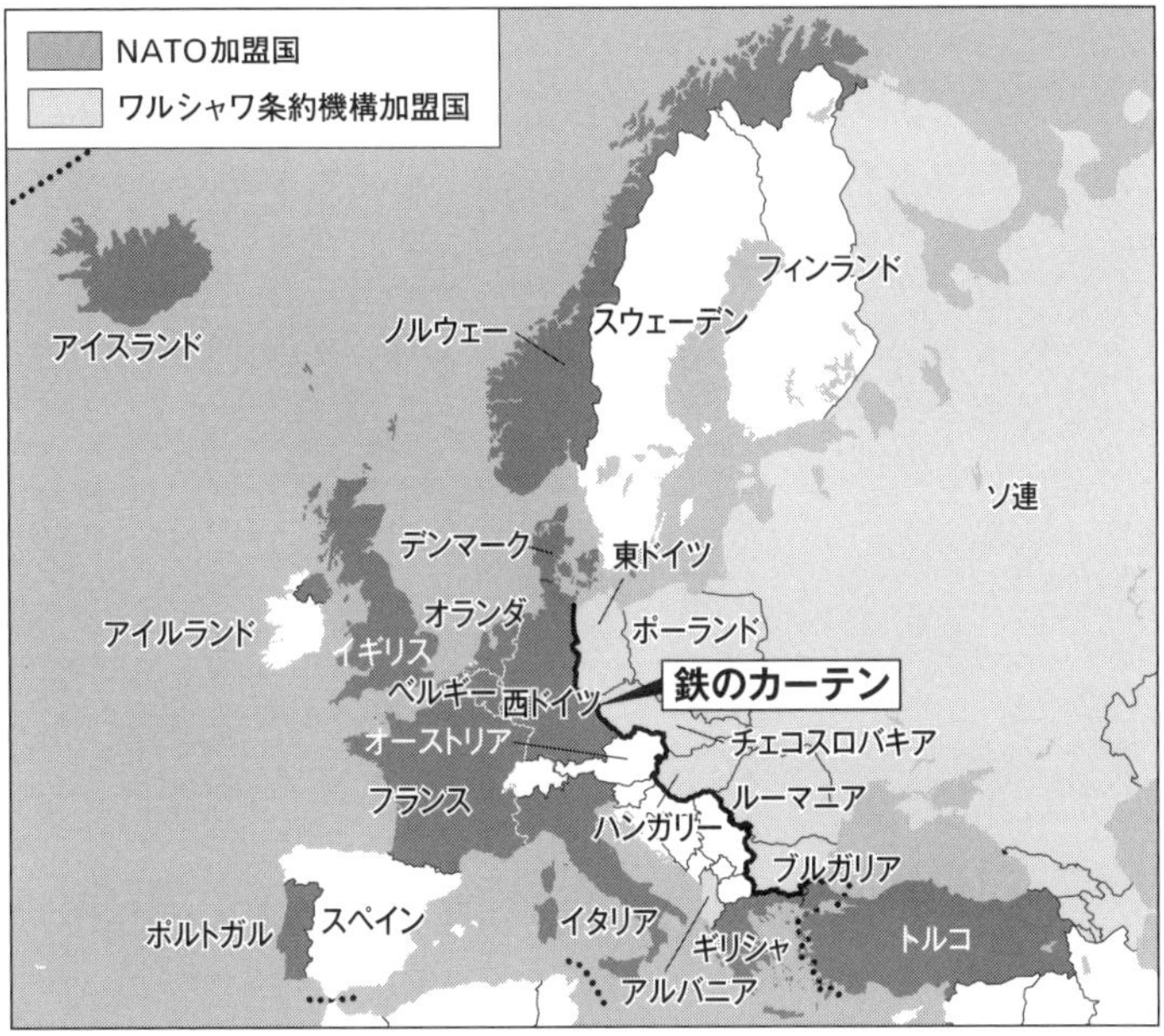

●1955年以降の加盟国と動き

1955年時点	NATO加盟国（15か国）	ワルシャワ条約機構加盟国（8か国）
1968		アルバニア脱退
1982	スペイン	
1989	東西冷戦終結	
1990	ドイツ統一により 旧東ドイツ区域にも拡大	
1991		ワルシャワ条約機構消滅
1999	チェコ、ハンガリー、ポーランド	
2004	ブルガリア、エストニア、ラトビア、リトアニア、スロバキア、スロベニア、ルーマニア	
2009	アルバニア、クロアチア	
2017	モンテネグロ 2017年10月現在、創設メンバーのアメリカ、カナダを含む29か国が加盟	

1949年、アメリカ、イギリス、フランス、ベルギー、カナダ、デンマーク、イタリア、アイスランド、ルクセンブルク、オランダ、ノルウェー、ポルトガルの12か国が参加してNATOが発足しました。その後、52年にギリシャとトルコ、55年に西ドイツが加盟し、82年にはスペインも加盟して16か国になりました（現在では29か国）。

もし戦争になった時には、各国の軍隊が一緒になって戦います。それがNATO軍です。現在でも、中東やヨーロッパの紛争の時には、NATO軍が出動したというニュースになっていますよね。NATO軍という呼び名から、独立した軍隊のように思うかもしれませんが、NATOからの要請に基づいて各国が軍隊を出す。それをまとめてNATO軍と呼びます。

一方、ソ連も危機感を抱きます。西側諸国がNATOを結成したのは、ソ連を攻めるためではないのか。そこで1955年、ソ連を中心とする東ヨーロッパの国々で、NATOに対抗する組織をつくります。それが「ワルシャワ条約機構」です。

NATO軍とワルシャワ条約機構軍、東西諸国が、互いに軍事組織をもって牽制し合う状態になります（p29地図③）。第二次世界大戦後の東西冷戦時代、ヨーロッパは完全に分断されてしまいました。

そしてNATO軍だけが残った

幸いなことに、東西冷戦時代にNATO軍とワルシャワ条約機構軍が衝突、戦争になることはありませんでした。それは、なぜでしょう。

互いに強力な軍備を持っていたから、牽制し合って戦争にならなかったのです。現在も国際政治で使われる、武力による抑止力という考え方はここから出てきました。力に対して、力で牽制する。一歩間違えば、大惨事になる恐れもあるのですが。

東西冷戦時代には、いつ戦争が起こるかわからない、世界中が緊張状態にありました。ところが、突然、東西冷戦時代に幕が下ろされる時がやってきます。

1991年12月25日、ソ連が崩壊したのです。ソ連の支配から解放された東ヨーロッパの国々は社会主義体制を捨て、民主的な資本主義国家を目指します。

ワルシャワ条約機構軍は解体され、NATO軍は残りました。もともとは、東側諸国の脅威に備えてつくられた軍隊です。しかし、東ヨーロッパの国々は民主化されて、西側の仲間に入ってきた。そこでNATOはヨーロッパ全体の安全に責任を持つ組織へと舵を切り、現在も活動しています。

ロシアの脅威におびえるヨーロッパ

ここでもう一度、ヨーロッパの地図を見てください（p16地図①）。エストニア、ラトビア、リトアニアのバルト三国。ここはドイツに占領されたこともあるし、ソ連に占領されたこともある。自分たちの領土がたびたび奪われてきた歴史があります。

リトアニアの左下を見てください。「ロシアの飛び地」と書いてあるでしょう。ここはカリーニングラードという地域で、ロシアの領土です。リトアニアは東西をベラルーシとロシアにはさまれていますが、ベラルーシはロシアと親密な関係にあります。ですから、いつロシアからの侵略を受けるかもしれないという、強い危機感を持っています。そのため、リトアニアでは２０１５年に徴兵制を復活させました。リトアニアは小さな国です。自国だけでロシアに対抗することはできません。

そこでＮＡＴＯの国々に協力を求めます。現在、ドイツ軍がリトアニアに入って、ロシアに対する抑止力となっています。

日本ではほとんど報道されていませんが、スウェーデンもロシアの脅威に対して、２０

10年に廃止された徴兵制を2018年1月から復活させることにしました。世の中がずいぶん物騒になりつつある。それが現在のヨーロッパなのです（p34地図④）。

Q 強かったソ連が崩壊して、東西冷戦が終わったのに、どうしてヨーロッパの国々はロシアに脅威を感じ、警戒するのでしょう？

——？？？

わからないかな。ヒントを出しましょう。世界史で習ったと思いますが、帝政ロシアの伝統的な南下政策は、どんな理由で行われたでしょうか？

——**不凍港を求めて、南下しました。**

そのとおりです。ロシアが面している海は、どこも冬になったら凍ってしまう。港が使えなくなってしまうわけだ。いざという時に軍艦を出航させることができません。ロシアには、凍らない港を求めて南に行きたいという、本能的な渇望があるのです。

現在のプーチン大統領は、人気も実力もある強い大統領です。領土が小さくなったロシアの現状に我慢がならないのです。ソ連になる前の時代、ピョートル大帝やエカテリーナ2世の時代の偉大なロシア帝国の復活を目指しているといわれています。そういう野心が見え見えなものだから、ヨーロッパの国々はいつロシアが攻めてくるかわからないという恐怖におびえているのです。

――地理的に見るとスウェーデンよりもロシアに接しているフィンランドのほうが危機感が強いのではないかと思うのですが。

いいところに気がついたね。フィンランドは、1939年に当時のソ連から侵略を受けています。その時、必死に戦って独立は守ったのですが、領土の一部をソ連に割譲させられてしまいます。ソ連崩壊後、ロシアの時代になってもその土地はロシア領のままです。

　つまり、日本にとっての北方領土と似た問題がロシアとフィンランドの間にもあるのです。ロシアにしてみれば、北方領土を日本に返還するということになっ

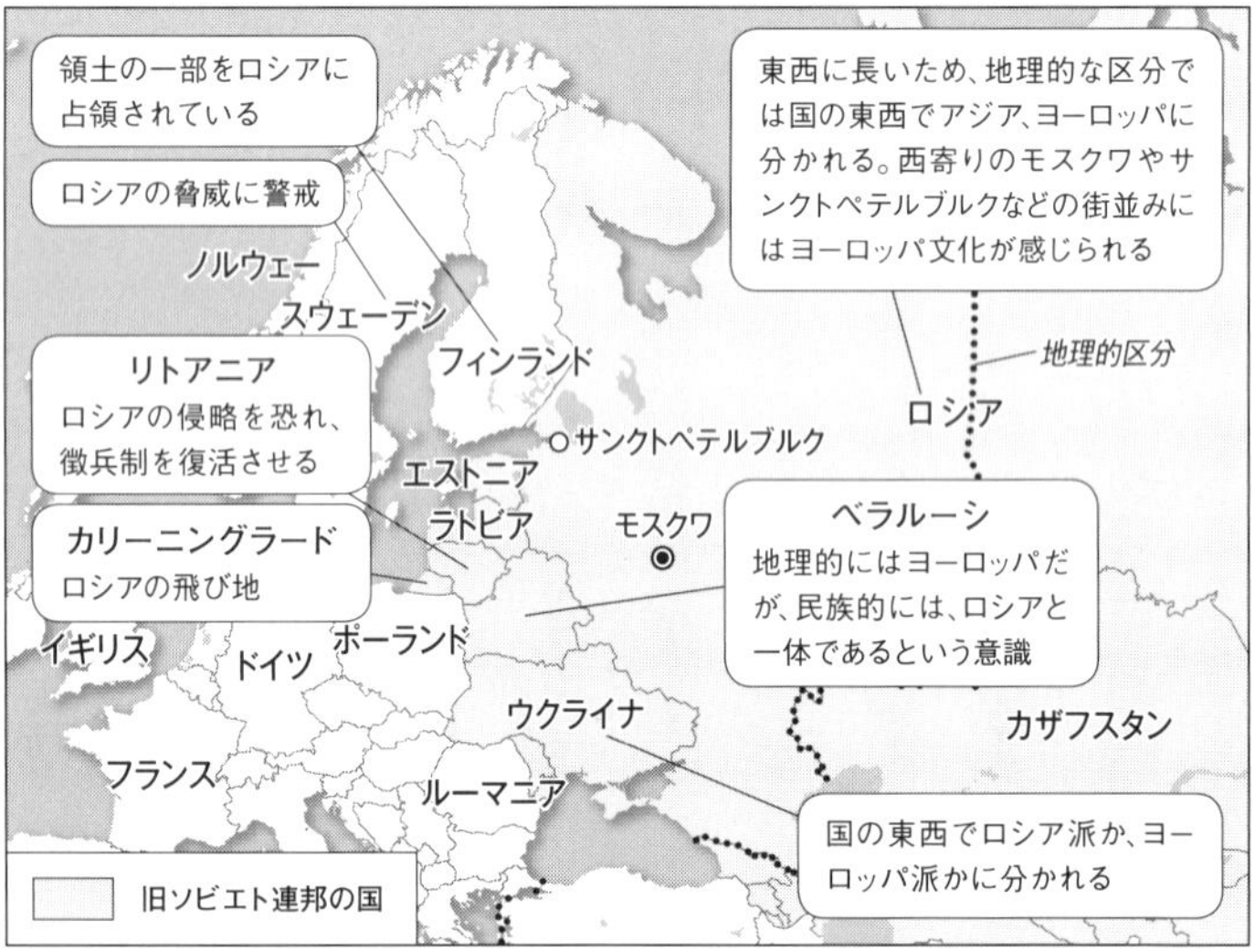

地図④―ロシアと隣接する国の帰属意識と警戒感

たら、フィンランドからも返還要求が出かねない。そういうこともあって、日ロ間の北方領土問題は解決するのが難しいという事情もあるんですね。

国境をなくせば、戦争もなくなる？

フィンランドは、もう二度とロシアと戦いたくない。だから、とにかくロシアを刺激しないようにしています。フィンランドはロシアを刺激したくないという理由からＮＡＴＯに加盟していません。「私たちは、中立です。ロシアに対抗しません。どうか、我が国には攻めてこないでください」というのがフィンランドの姿勢です。

一方で、お隣のスウェーデンはこう考えます。「ロシアは今後もヨーロッパへの影響力を高めていこうとするだろう。しかし、ロシアとの間に横たわるフィンランドは、もう無力化している。ロシアと対抗する力を持っているスウェーデンに何らかの影響力を行使するのではないか」。そんな危機感からスウェーデンは徴兵制を復活させるのです。

海に囲まれた日本にいると、そういう感覚はわかりにくいと思いますが、ヨーロッパの国々の国境はほとんどが陸続きです。

たとえば、ロシアと国境を接しているポーランドからドイツ、フランスへと鉄道や車で移動すると、目の前に広がる風景はどこまでいっても大平原。ほとんど山の姿を見ることはありません。

東西冷戦時代、ソ連は5000輛《りょう》もの戦車を配備していたといわれています。大平原で遮《さえぎ》るものが何もないヨーロッパでは戦車戦が有効なんです。ソ連の5000輛の戦車が押し寄せてきたら、あっという間に占領されてしまうという、ものすごい恐怖が西側諸国にあったと思います。

ヨーロッパは陸続きであるがゆえに、戦争が起こると互いの国土が戦場になり破壊されてしまいます。第一次世界大戦でも第二次世界大戦でも、ヨーロッパ各国は大きな被害を出しました。

焦土と化したヨーロッパの国々では、多くの人が死に、経済も困窮しました。戦争が二度と起きないようにするには、どうしたらいいだろう。国境があるから、戦争が起こるんだ。国境をなくしてひとつの国になればいい。平和を望むその発想が、EU誕生の原点なのです。

EUができて、国境がなくなったことによって、少なくともEU圏内の国同士の戦争は、もう二度とないだろうという安心感を得るようになりました。しかし、EUに加盟していない、大国ロシアに対する恐怖心は、今なお続いているのです。

自主独立だったユーゴスラビア

また地図（p16地図①）に戻りましょう。オーストリアの南、アドリア海の東側に現在、クロアチア、スロベニア、ボスニア・ヘルツェゴビナ、モンテネグロ、セルビア、コソボ、マケドニアという国々がありますね。

これらの国はかつて、ユーゴスラビアというひとつの国でした。そこには民族も宗教も多様な人々が暮らしていました。

東ヨーロッパのほとんどの国は、ソ連の力でナチス・ドイツを追い出すことができました。しかしユーゴスラビアは違います。ユーゴスラビアでは、チトーというカリスマ的な指導者に率いられていた武装ゲリラがナチス・ドイツ軍と戦います。

その結果ユーゴスラビアはソ連の力に頼らず独立を果たしました。自分たちは、ほかの東ヨーロッパの国とは違うんだというプライドがあります。経済体制としては社会主義なのですが、西側にも東側にも加わらない、ヨーロッパの中で自主独立の存在になりました。

しかし東西冷戦の緊張状態の中では、西（資本主義）にも東（社会主義）にもつかない微妙な位置です。ソ連は、言うことを聞かないユーゴスラビアが気に食わない。ユーゴスラビア側も、いつソ連の侵略を受けるかもしれないという危機感を持っています。
でも、ユーゴスラビアは西側諸国とも距離を置き、NATOには加盟していません。ということは、もしソ連が攻めてきても、誰も助けてくれない。自分たちで戦うしかないのです。
そこで、チトーは全人民武装という発想をします。すべての家庭に武器が配られます。男たちは徴兵され、戦争のための軍事訓練を受けます。いざという時には、ユーゴスラビアの全国民が兵士になるのです。
ところが、1980年5月にカリスマ指導者チトーが亡くなり、1991年12月にソ連も崩壊します。もうソ連の脅威はありません。しかも国をまとめていた強力なリーダーもいなくなった。

Q さて、ユーゴスラビアはどんな状態になったと思いますか。

――**先ほど、ユーゴスラビアには、いろんな民族や宗教の人が暮らしていたと習いました。**

おっ、いいところに目をつけたね。

――**同じ民族や同じ宗教の人たちがかたまって、国が分裂した。**

そういうことなんだな。ユーゴスラビアは「一つの国、二つの文字、三つの宗教、四つ

図表②—旧ユーゴスラビアの成り立ちと歴史

二つの文字	ラテン文字、キリル文字
三つの宗教	カトリック、セルビア正教、イスラム教
四つの言語	セルビア・クロアチア語、スロベニア語、マケドニア語、アルバニア語（ほかにアルバニア語、ボスニア語）
五つの民族	セルビア人、クロアチア人、スロベニア人、マケドニア人、モンテネグロ人（ほかにアルバニア人、ハンガリー人、イスラム系など）

六つの共和国の歴史

	スロベニア	クロアチア	ボスニア・ヘルツェゴビナ	セルビア	モンテネグロ	マケドニア※
1878				独立	独立	
1912				第一次バルカン戦争		
1913				第二次バルカン戦争		
1914	第一次世界大戦勃発					
1918	オーストリア＝ハンガリー帝国滅亡。第一次世界大戦終結 第一次世界大戦後、民族統一国家の建国へ					
1939	第二次世界大戦勃発					
1941	親ドイツ政策によりナチの傀儡政権クロアチア独立国成立。ほかの地域も枢軸国によって分割占領される					
1945	チトーの指導で6つの共和国からなるユーゴスラビア連邦人民共和国樹立					
1963	ユーゴスラビア社会主義連邦共和国に国名変更					
1984	サラエボで冬季オリンピック開催					
1990						
1991	独立	独立	独立			独立
1992				ユーゴスラビア連邦共和国を樹立		
1995				NATO軍がセルビアを空爆		
1997				ミロシェビッチが大統領に就任		
1998				コソボ紛争激化		
1999				NATO軍がセルビアを空爆		
2000				ミロシェビッチ、大統領選で敗北		
2003				連邦制を解消し、連合国家セルビア・モンテネグロとなる		
2006				独立	独立	
2007						

サラエボでセルビア系の青年がオーストリア皇太子を暗殺（1914）

アルバニア系住民が独立宣言。セルビア政府との武力闘争開始（コソボ紛争へ）（1990）

1991年頃から各地で民族紛争が激化

コソボ独立案、国連で採決されず。（2008年2月、コソボ議会が「コソボ共和国」の独立を宣言。2017年現在、日本をはじめ107か国以上〈外務省〉が独立国として承認している）（2007）

凡例：
- オーストリア＝ハンガリー帝国の支配下だった時代
- オスマン帝国の支配下だった時代
- ユーゴスラビア連邦人民（社会主義連邦）共和国時代

※2019年2月、マケドニアは北マケドニアと国名を変更

の言語、五つの民族、六つの共和国、七つの国境線」と表現されたように複雑な背景を持つ国でした。六つの共和国とはスロベニア、クロアチア、ボスニア・ヘルツェゴビナ、セルビア、モンテネグロ、マケドニアです（p39図表②）。

最初にスロベニア、クロアチア、マケドニアが独立を宣言。その他の共和国も独立を目指します。

しかしボスニア・ヘルツェゴビナでは、独立派のクロアチア人とボシュニャク人に対して、ユーゴスラビアにとどまることを望んだセルビア人との間で内戦が起こります。

クロアチア人はキリスト教のカトリックで、セルビア人はキリスト教の正教徒（セルビア正教）、ボシュニャク人はスラブ系のイスラム教徒です。つまり、ボスニア・ヘルツェゴビナの中でも三つの民族、三つの宗教が対立する複雑な状況になりました。

全人民武装で、一般人もみんな武器を持っていますから、抗争が起きると悲惨です。ボスニア・ヘルツェゴビナの内戦は、泥沼状態に陥ります。その中で、セルビア系の住民たちが残虐な行為を行っているという報道がなされました。実は、セルビア系以外の連中もかなりひどいことをやっていたのですが。

国際的な注目を集めることになり、見るに見かねたNATO軍がボスニア・ヘルツェゴビナの内戦に介入します。残虐な行為を行っているといわれたセルビア系住民を支援していたセルビア本国を空爆。1995年に内戦は終結します。しかし民族間の対立は今なお続き、不安定な状態です。

NATOは東西冷戦時代に東側諸国の脅威に対して結成されました。しかし東西冷戦時代には敵に向かって一発も弾を撃つことはなかったのです。東西冷戦が終わり、これで世界が平和になると思った途端、東ヨーロッパで局地的な地域紛争が起きるようになった。そこでNATO軍が実際に軍事攻撃に出るという、きわめて皮肉なことが起きたのです。

人道的介入は是か非か

――なぜスロベニアとクロアチア、マケドニア（のちに北マケドニアと改名。以下同じ）は、いち早く独立できたのですか。

いい質問ですね。ユーゴスラビアの首都だったベオグラードは、現在のセルビアにあります。つまりユーゴスラビア軍の主体はセルビア人だったんですね。ユーゴスラビアからの独立は、実際にはセルビアからの独立という構図でした。

スロベニアはスロベニア人が中心で、セルビア人がほとんど住んでいなかった。ユーゴスラビアからの独立に反対を唱えるセルビア人が少なかったから、一致団結して独立を勝ち取ることができたんです。マケドニアも同じです。

しかし、クロアチアには、クロアチア人だけではなくセルビア人もいました。またクロアチア人とセルビア人は歴史的に仲が悪く、独立のために激しい戦争が起こりました。

クロアチアに、ドゥブロヴニクという街があります。アドリア海に面した美しい港町で、宮﨑駿《みやざきはやお》監督の映画『紅《くれない》の豚』の舞台になったといわれています。

ドゥブロヴニクの街並みを見ると、煉瓦《れんが》色の屋根の色がところどころ変わっているのがわかります。これはセルビア軍の攻撃によって破壊された瓦を、そのまま使って修復したため、色が違って見えるのです。

――ボスニア・ヘルツェゴビナの内戦を止めるために、NATO軍がセルビアに空爆をしました。NATO軍の行動に対して、世界から反対意見は出なかったのでしょうか。

当然、反対意見はありました。実は、国連もボスニア・ヘルツェゴビナの内戦を平和的に解決できないかと画策していました。その時の国連のユーゴスラビア問題担当代表が、日本人の明石康《あかしやすし》さんでした。

それに対して、NATOは軍事攻撃をすべきだと強く主張。結局、明石さんは更迭《こうてつ》されます。結果的には、NATO軍が介入したことで内戦は終わります。

しかし、1999年5月、今度はコソボ紛争に介入したアメリカを中心とするNATO

軍が、セルビアのベオグラードにある中国大使館を誤爆してしまいます。アメリカと中国の関係が急激に悪化する問題も起こりました。

ボスニア・ヘルツェゴビナ内戦ではNATO軍の武力行使が、一応成功したといえます。しかし、コソボ紛争での誤爆など現在も遺恨は残っています。ほかに平和的な解決の道はなかったのでしょうか。

この内戦では、国際政治上の大きな問題が提起されました。ある国で激しい内戦が起こって大勢の人が犠牲になったり、独裁者によって国民が虐殺されるようなことになったりしたら、国際社会は黙って見ていていいのか。

そこで出てきたのが「人道的介入」という考え方です。セルビアに対してNATO軍が空爆をすれば、多くの犠牲者が出ます。しかし、何もしなければ内戦は続き、セルビアにとってもボスニア・ヘルツェゴビナにとってもさらに悲惨な状態になるかもしれない。NATO軍がセルビアを攻撃したことによって内戦が終わったわけですから、結果的には人道的介入が成功したと、評価されました。

セルビアの首都ベオグラードに行くと、今もアメリカを中心とするNATO軍の空爆で破壊された国防省の建物がそのまま残っています。我々は、NATO軍（アメリカ軍）の空爆によって被害を受けたことを忘れないぞ、という意志の表れです。

「人道的介入」については、その背景に第二次世界大戦中のナチス・ドイツによるユダヤ人虐殺を国際社会が手をこまぬいて見ていたことに対する反省もあると思います。

しかし大原則としては、その国のことはその国の国民が決めるべきです。他の国が軍事的に介入することは本来あってはならないはずです。「人道的介入」に対しては、今後も議論されなければならないし、みなさん自身も考えていかなければならない問題です。

――なぜソ連はユーゴスラビアに攻め込まなかったのでしょう?

ひとつは、ユーゴスラビアは全人民武装だったことが大きかったと思います。全国民が相手ですから、ソ連も容易には攻め込めません。

もうひとつ、地理的な要因があります。ソ連、現在のロシアも同じですが、国境を接している隣の国が自分の言うことを聞かない国だととても危機感を持つのです。

それはなぜか。かつて、第二次世界大戦の時にドイツ軍の侵略を受け、ソ連側の言い分だと、2700万人もの国民が死にました。自分たちの仲間ではない国と国境を接していると、いつ敵になって攻めてくるかわからない。そんなトラウマがあるんですね。

旧ユーゴスラビアとソ連の間には、ルーマニア、ハンガリー、ブルガリアなどの国があります。ユーゴスラビアとの間では、それらの国々が緩衝地帯になるので、あえて攻撃する必要はないと考えたのです。

ここまでは、統合前夜のヨーロッパ各国の状況を見てきました。みなさん、どんなことを感じましたか。

第二次世界大戦が終わってから、70数年が経過しました。まだ70数年といってもいいかもしれません。大戦が終わったら、ヨーロッパでは資本主義国と社会主義国の対立が起こりました。社会主義国が崩壊して、東西冷戦が終結したあとに、平和な世界がやってくるかと思ったら、同じ国の中で民族間の紛争が起こる。

なぜ人間は争うのか。国同士はいがみ合うのか。武力ではなく、知恵でそういう問題を解決できないのか。そんな思いから、ヨーロッパは統合への道を歩み始めます。

第2章
「統合の始まり、加速、挫折」から見るEU

すべては「ベイシック・シックス」から始まった

第一次世界大戦（１９１４〜18年）と第二次世界大戦（１９３９〜45年）、わずか30年ほどの間にふたつの大きな戦争が起こり、ヨーロッパはすっかり焦土と化してしまいました。

特に第二次世界大戦は、人類史上最大の戦禍です。世界中で数千万人（５０００万人とも８０００万人とも）の人が犠牲になりました。

もう二度と戦争はしたくない。戦争が起きない世界をつくるにはどうしたらいいか。そうだ、国境をなくしてヨーロッパがひとつになればいい。「欧州合衆国（United States of Europe）」をつくればいい——ヨーロッパ各国で、そういう理想を胸に抱いた人たちが増え始めます。

しかし、人類の歴史は争いの歴史です。そんな美しい理想は、すぐに実現するわけはありません。現実的にはまず、できるところから始めようということで、石炭と鉄鋼を共同管理する欧州石炭鉄鋼共同体（ＥＣＳＣ／European Coal and Steel Community）が１９５２年に設立されます。

――ヨーロッパをひとつにするために、なぜ石炭と鉄鋼から始めたのですか？

いい質問ですね。産業革命のことは知っているよね。

――蒸気機関や自動織機が発明されて、世の中が工業化されていくきっかけになった出来事です。

産業革命は18世紀半ばにイギリスで始まり、ヨーロッパ中に広がっていきました。あなたが今、答えてくれた蒸気機関、実はこの仕組み自体はかなり古くからあったんですね。しかし昔の技術はいかんせん効率が悪かった。

ワットが開発した新しい蒸気機関は、それまでのものとは桁《けた》違いの効率でエネルギーを発生させることができたのです。

蒸気機関の燃料は、石炭です。良質な炭鉱がたくさんあったということも、イギリスで産業革命が起こった一因です。

現在のエネルギー資源といえば、石油ですね。しかし当時は、石炭が主流でした。工業のあらゆる動力に石炭エネルギーが使われていました。そしてもうひとつ重要なことがあります。

Q石炭エネルギーを使ってつくる、国家にとって重要なものはなんでしょ

う？　わかった人はいますか？

――石炭と鉄鋼の話をされていたので、鉄を使ってつくるものですよね。

鉄を使うもので、国の存亡を握るようなものとは、なんだろう？

――わかりました、武器ですね！

正解です。現在の原子力もそうですが、エネルギーの平和利用ということが謳《うた》われる裏には、エネルギーは戦争を起こす原因にもなりうるという意味があるんですね。

戦車をつくるにも、鉄砲や砲弾をつくるにも大量の鉄が必要です。鉄はどうやってつくるのか。地中に鉄の塊として埋蔵されているわけではありません。鉄鉱石に含まれる鉄の成分を取り出して、鉄鋼へと加工する。そのためには、原料となる鉄鉱石などを高温で溶かす高炉が必要です。ここまで話すと、もう気づきましたね。

20世紀の初め、2度の世界大戦が起こった頃、石炭は武器の原料となる鉄をつくるために最も重要なエネルギー資源だったのです。各国とも石炭が埋蔵されている場所をめぐって争いを繰り広げます。

ドイツとフランスの国境あたりにアルザス＝ロレーヌ地方という地域があります（p27地図②）。農作物も豊富に穫れる、非常に豊かな地域です。しかも石炭が大量に埋蔵されている。この地域では、石炭を燃料にした鉄鋼業が盛んになりました。

アルザス＝ロレーヌ地方の石炭資源と鉄鋼産業を獲得した国は、おのずと国力が大幅に強くなります。そのため歴史的にドイツとフランスがこの地域の奪い合いを繰り返していました。

第二次世界大戦で敗戦、無条件降伏をしたドイツは東西に分割されました。１９４９年、ソ連に占領されていた東側は、ドイツ民主共和国（東ドイツ）という社会主義国家になります。政治も経済もすべてソ連の支配下に置かれ、その内情は「鉄のカーテン」に閉ざされてしまいます。

イギリス、フランス、アメリカが占領した西側には、ドイツ連邦共和国（西ドイツ）が成立します。西ドイツは、資本主義国家として再生するため、なんとか経済を復興させたいと考えます。そのためには、石炭を手に入れ、鉄鋼業を盛んにする必要がある。

第二次世界大戦でドイツが敗戦したことによって、アルザス＝ロレーヌ地方はフランスの領土となっていました。西ドイツは復活を目指すために、アルザス＝ロレーヌ地方を奪いに来るかもしれないと、フランスは、警戒します。

そこで、西ドイツとフランスだけではなく、イタリア、オランダ、ベルギー、ルクセンブルクも加わった6か国の間で、採掘される石炭と鉄鋼産業を共同管理しようという条約が結ばれます。これがパリ条約です。そしてパリ条約に基づいて「欧州石炭鉄鋼共同体（Ｅ

CSC）」が設立されます。

そこには、西ドイツが石炭や鉄鋼業によって復活したあと、それを軍事産業に転用しないよう周辺の国々で監視する意味も含まれていました。

ここに、現在のEUにつながる、ヨーロッパ最初の共同体がつくられました。EUは、この6か国から始まったのです。EUの基本となった6か国という意味を込めて、現在も「ベイシック・シックス（Basic Six）」と呼ばれています。

紛争を抑えるためには、こういう共同管理という概念が、ひとつのやり方としてある、ということですね。

アルザス＝ロレーヌは、フランスか？　ドイツか？

「欧州石炭鉄鋼共同体（ECSC）」を設立するきっかけとなったひとつの地域が、ドイツとフランスの国境にあるアルザス＝ロレーヌ地方だということには、先ほど少し触れました。

アルフォンス・ドーデというフランスの作家がアルザス＝ロレーヌ地方を舞台に書いた『最後の授業』という短編小説があります。私が小学校の時には、国語の教科書に載っていました。読んだことがある人は、どのくらいいるかな？　半数くらいの人が、読んだことがあるようだね。

Qでは、『最後の授業』のストーリーを覚えていたら、誰か、簡単に教えてください。

――戦争に負けてドイツの領土になってしまったアルザス地方の学校で、先生がフランス語で最後の授業を行う話です。

よく覚えていましたね。アルザス＝ロレーヌ地方とは、ライン川中流の西岸にあるアルザス地方とロレーヌ地方を合わせた総称です。この地域をめぐっては、17世紀からドイツとフランスの間で争奪戦争が行われてきました。

『最後の授業』は、普仏戦争（１８７０年7月19日～71年5月10日）が行われた時の話です。

フランスが戦争に敗れ、アルザス地方はプロイセン（現在のドイツ）の領土になることが決まります。明日からこの地方の言語はドイツ語に変わることが決まっています。先生は「これがフランス語で行う最後の授業です」と言って授業を始めます。そして、黒板に「フランス万歳」と書いて、授業が終わる。

みなさんは、この物語を読んで、どんな感想を持ちましたか?

――感動的な話なのですが、歴史的解釈がフランス寄りなので、最近では教科書に取り上げられなくなったと聞きました。

よく知っていますね! 自分の国の言葉が失われる。それがどんなに大変なことなのかと、小学生だった私はこの話に感動しました。母国語って大切なんだなと、痛感したのです。

ところが、大人になってからわかったのですが、アルザス地方はもともとドイツ語圏だったんだよね。そこをフランスが占領してフランス語を押しつけていた。そういう歴史があることを知った途端、あの感動はなんだったのかと(笑)。

私が小学校の時に読んだ『最後の授業』は、フランス側から見た一方的な歴史だということで、教科書には掲載されなくなりました。解釈する立場によって、歴史は変わってくることもあるのです。

「欧州石炭鉄鋼共同体(ECSC)」は、アルザス=ロレーヌ地方に見られるような、ドイツとフランスの紛争を防ぐために、石炭資源や鉄鋼業は国家を超えた国際機関が共同管理するのが最良の策だ、という発想のもとに生まれました。

ECSCは、1951年4月に調印、翌年に発足しました。ECSCが軌道にのると、さらにこの協力体制を経済にも広げようということになり、ＥＣＳＣは存続したまま、１９５７年３月25日に「欧州経済共同体（ＥＥＣ）」と「欧州原子力共同体（ＥＵＲＡＴＯＭ《ユーラトム》）」の設立条約に調印が行われました。これが現在のＥＵ成立の基盤となった、通称「ローマ条約」です。

「欧州経済共同体（ＥＥＣ）」は、ヨーロッパをひとつにするために、まず共同市場をつくろうというものです。商品の売買や企業活動も国の枠を超えて自由にできるようにしたい。そして各国間の経済政策を近づけて、ヨーロッパの国々が互いに協力して経済発展を目指していく。そのためには、まず、関税を撤廃しようと計画します。

Q 関税とは何か。もちろん知っているよね。

――外国から商品を輸入する時にかかる税金です。

そうですね。国と国との間の貿易の場合は、関税がかかります。輸入する品目によって、税金の率は異なりますが、おおむね自国の主要産業と競合するものには、高い関税をかけ自国の産業を守ろうとします。たとえば日本では、主食である米には高い関税をかけています。これを保護貿易といいます。

「欧州経済共同体（ＥＥＣ）」に加盟する6か国、西ドイツ、フランス、イタリア、オランダ、ベルギー、ルクセンブルクがお互いに関税をかけるのをやめてしまえば、自由な貿易ができる。みんな安いものが買えるから消費も活性化して、加盟国の経済が発展するだろうという考えです。

そして「欧州原子力共同体（ＥＵＲＡＴＯＭ）」は、その名のとおり原子力の共同開発と平和利用を進めることを目的にしています。各国がそれぞれ原子力開発をやっていても、小国だと人口も少ないし、経済力も十分ではないから進まない。それなら共同で原子力開発をやろう、ということで組織されました。

第１章で、２０１７年の3月25日、「ローマ条約」から60周年を記念してＥＵの首脳会議が開かれ、改めてＥＵの結束を確認するための「ローマ宣言」が出された、と話しました。

「欧州経済共同体（ＥＥＣ）」と「欧州原子力共同体（ＥＵＲＡＴＯＭ）」、このふたつの基本条約の締結によって、「欧州石炭鉄鋼共同体（ＥＣＳＣ）」の設立に続くヨーロッパ統合への二歩めが踏み出されたのです。

これらの取り組みが徐々にうまくいくようになると、今度は人やものの移動も自由にできるようにしよう、ヨーロッパを一体化しようという動きが出てきます。そこで、まず「欧州石炭鉄鋼共同体（ＥＣＳＣ）」と「欧州経済共同体（ＥＥＣ）」と「欧州原子力共同体（Ｅ

URATOM)」を全部一緒にして、「欧州共同体（EC／European Communities）」が誕生しました。1967年7月のことです。

EUの旗に描かれた12の星の意味

ここまで2度の世界大戦を経験したヨーロッパ諸国が、ひとつのヨーロッパという理想に向けて統合していくきっかけとなった黎明《れいめい》期の話をしてきました。その基本となった6か国を、もう一度挙げてみましょう。西ドイツ、フランス、イタリア、オランダ、ベルギー、ルクセンブルクの6か国ですね。

Q ヨーロッパ統合という理想を実現するためには欠かせない、ある国の名前がないと思いませんか？

——イギリスが入っていません。

そうです、よく気がつきましたね。

——イギリスは、他のヨーロッパ諸国と陸続きで国境を接していないから、関心が薄かったのでしょうか？

イギリスは当初、統一ヨーロッパの一部にはならないつもりでしたが、戦後は国力がすっかり衰え、他国との連携を模索し始めました。そこで、1963年、EECに加盟申請しましたが、なかなか認められなかったのです。イギリスが加盟したのはEECの後身であるEC発足から6年も経った、1973年です。

それまでECの加盟国は、ベイシック・シックスの6か国だけでした。イギリスと同時にデンマーク、アイルランドが加盟し、1980年代にはギリシャ、スペイン、ポルトガルが加盟して12か国となりました。

なぜ、イギリスの加盟申請がなかなか認められなかったのでしょう? フランスとドイツのように、国境を接している国は仲が悪いという話をしました。イギリスとフランスも、ドーバー海峡を挟んで国境を接しています。この2国も歴史的に仲が悪く、過去には領土をめぐって長い間、戦争していたこともあります。

イギリスがECへの加盟を申請した時に、当時のフランス大統領シャルル・ド・ゴールが猛反対したのです。ド・ゴールは、第二次世界大戦中ナチス・ドイツの侵攻から逃れ、イギリスに亡命し臨時政府をつくっていたこともあるのですが、ド・ゴールのイギリス嫌いは相当なものでした。

1970年にド・ゴールが亡くなります。それを機に、ようやくイギリスのECへの加盟が認められたのです。

余談ですが、イギリスとフランスの仲の悪さを象徴する有名な建物がパリにあります。観光旅行に行く人は、必ず訪れる場所です。

――ルーヴル美術館ですか？

そのとおりです。現在では世界でも最大級の美術館として有名ですが、もともとは12世紀、イギリスからの攻撃を防ぐために造られた要塞だったのです。当時の城砦《じょうさい》の一部を今も美術館の中で見ることができます。

ヨーロッパのどの国も、「二度と戦争を起こしたくない」という気持ちは同じです。しかし、各国には、それぞれの思惑があり、なかなかひとつにまとまるのは難しいということです。

さまざまな困難を乗り越えながら、確実にヨーロッパは統合への道を歩んでいきます。EC加盟の12か国は、1992年2月、経済、通貨、さらには政治的な連合も目指そうという条約に調印しました。話し合いが行われたオランダの保養地の名にちなんで、「マーストリヒト条約」と呼ばれます。

この条約に基づいて1993年11月、「欧州連合（EU）」が誕生しました。

現在、加盟国は28か国（2017年）。人口は約5億人。世界最大規模の経済圏を形づ

図表③―**EUのこれまでの道のり**

年	出来事
1952	ドイツ(西ドイツ)、フランス、イタリア、オランダ、ベルギー、ルクセンブルクの6か国が欧州石炭鉄鋼共同体(ECSC)を設立
1958	欧州経済共同体(EEC)、欧州原子力共同体(EURATOM)設立
1967	ECSC、EEC、EURATOMを統合した欧州共同体(EC)が誕生
1973	イギリス、デンマーク、アイルランドが加盟**(第一次拡大)**
1981	ギリシャが加盟**(第二次拡大)**
1986	スペイン、ポルトガルが加盟し、12か国体制となる**(第三次拡大)**
1989	ベルリンの壁崩壊
1993	マーストリヒト条約に基づく、欧州連合(EU)が誕生
1995	オーストリア、スウェーデン、フィンランドが加盟**(第四次拡大)**
2002	共通通貨ユーロの流通始まる
2004	チェコ、スロバキア、ポーランド、ハンガリー、スロベニア、エストニア、リトアニア、ラトビア、マルタ、キプロスが加盟**(第五次拡大)**
2007	ルーマニア、ブルガリアが加盟**(第五次拡大)**
2009	欧州憲法条約を修正したリスボン条約発効
2012	EUがノーベル平和賞を受賞
2013	クロアチアが加盟。28か国体制に**(第六次拡大)**
2016	イギリスの国民投票でEU離脱が決定

欧州連合(EU)の旗

くっています。

ＥＵの旗を見てください（図表③）。12個の星が描かれていますね。ここにはＥＵが12か国でスタートしたという意味のほかに、もうひとつ大きな思いが込められています。

1年は12か月。時間も12進法です。実は12という数字は、ヨーロッパでは古代から完全な数だと考えられているのです。

だから、現在加盟国が28か国になっても、星の数は12のままです。それは、ＥＵは完全結合体であるという意味が込められているからなのですね。

２００４年に、ひとつのヨーロッパ＝欧州合衆国へと歩を進めるため「欧州憲法条約」に加盟国の首脳が署名しました。加盟各国は「欧州憲法条約」批准《ひじゅん》への賛否を問う国民投票を行います。しかし、超国家的な組織である「欧州合衆国」になると自国の権力が弱まることを懸念したフランスとオランダでは否決されます。

その後２００７年12月、「欧州憲法条約」の内容が修正された「リスボン条約」に加盟国すべての署名が行われ、２００９年12月に発効します。現在のＥＵは、「リスボン条約」に基づいて運営されているのです。

ＥＵに加盟しないスイス

Q ＥＵ加盟国の地図（p2）を見ると、ヨーロッパの真ん中あたりに非加盟の国がありますね。

――**スイスです。**

スイスは永世中立国です。どの国とも同盟を結ばず、もし他国間で戦争が起こってもどちらの味方もしないという立場で、１８１５年から国際的に永世中立国としての承認を受けています。そのため国連にも長い間加盟していませんでした。さすがにそれはまずいだろうということで、国連には２００２年に加盟しましたが、現在もＥＵには加盟をしていません。実は１９９２年にＥＵ加盟の申請書を提出しましたが、同年に行われた国民投票では非加盟派が過半数だったため、申請保留状態で25年近く経過。２０１６年に加盟申請取りやめを正式に決定した、という経緯があります。通貨もユーロではなくスイスフランを使っています。

見方を変えれば、スイスは自分の国さえよければいいという姿勢を貫く国なのです。第二次世界大戦で、ドイツがヨーロッパ各国に侵攻した時も、中立を保ち続けました。

私が小学生の頃、スイスは永世中立国で平和を志向する、とてもいい国だと習いました。ところが、大人になって、実際にスイスに行ってみると、周りの国から嫌われていることに驚きました。

永世中立国だからといって、他国から攻撃を受けないということはありません。スイスは国民皆兵制で、男性は19歳から26歳の間に軍事訓練を受け、260日間、兵役に就かなければなりません。その後も10年間は数年ごとに補充講習が義務づけられています。

さらに各家庭には、銃が配布されています。現在は国がまとまっているからいいのですが、もし内戦になったらユーゴスラビアのように悲惨なことになる可能性もあるということです。

さて、先ほど12の星で構成されたEUの国旗について触れました。

Qでは、EUの歌はどんな歌でしょう？　みなさんも何度も耳にしたことがある、とても有名な歌です。

――？？？

ヒントです。日本でも年末に合唱する風景がよく見られるようになりました。

――**「歓喜の歌」です！**

図表④—**EUの仕組み**（2017年10月現在）

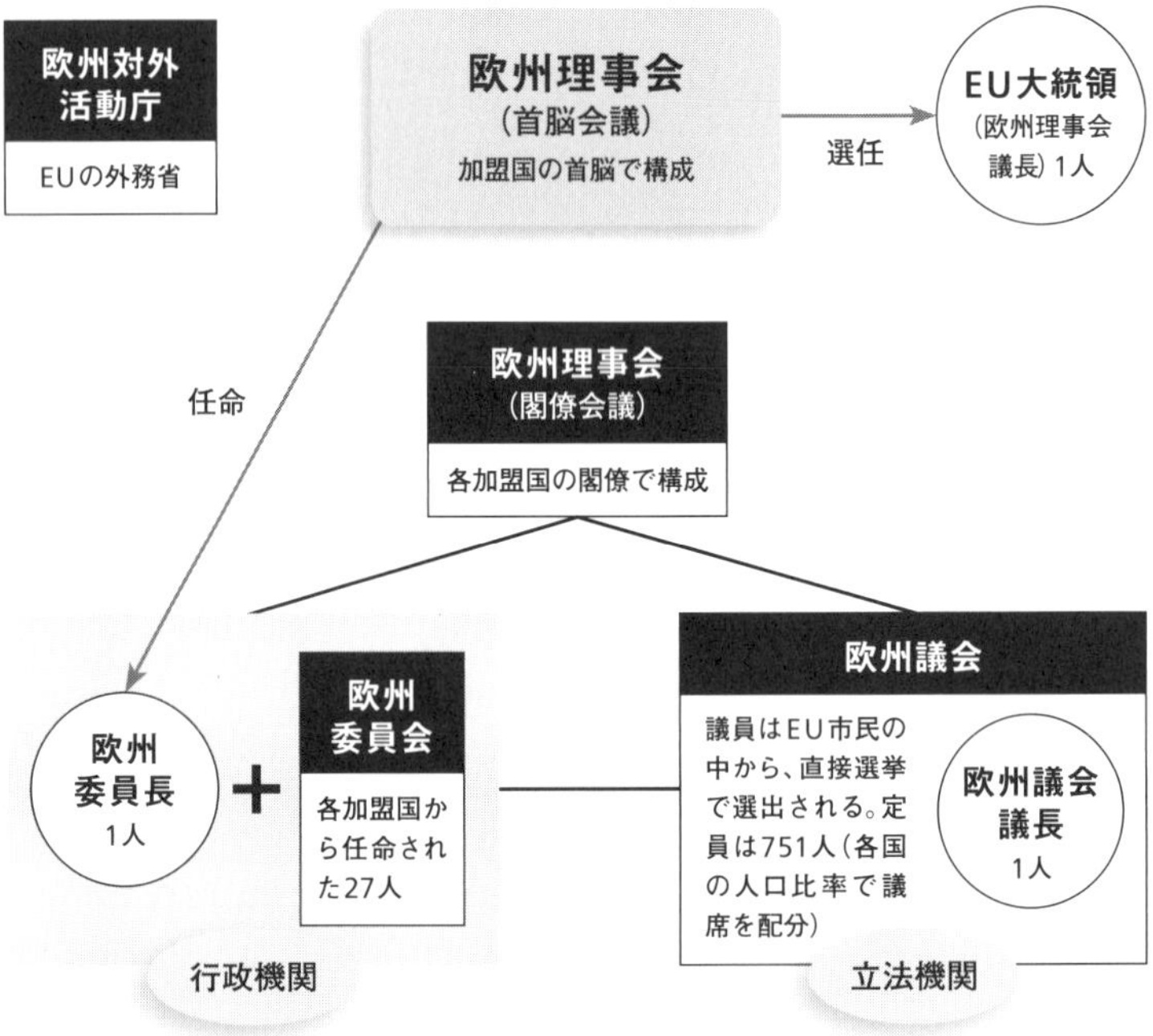

写真①—2017年タオルミナサミットでの各国首脳
左からトゥスクEU大統領、トルドー首相（カナダ）、メルケル首相（ドイツ）、トランプ大統領（アメリカ）、ジェンティローニ首相（イタリア）、マクロン大統領（フランス）、安倍首相（日本）、メイ首相（イギリス）、ユンケル欧州委員長

そう「歓喜の歌」。正確には、ベートーベンの交響曲第9番、第4楽章で歌われる歌です。原曲にはドイツ語の歌詞がついていますが、公式には歌詞のない楽曲だけをEUの歌としています。

EUには、「3人のプレジデント」がいるといわれています。それは、加盟国の代表であるEU大統領（欧州理事会議長）、行政機関の長である欧州委員長、そして欧州議会議長の3人です（図表④）。

EU大統領と欧州委員長が二人三脚で対外的な首脳外交を行います。G7（主要7か国首脳会議）で各国首脳が並んで写真を撮るでしょう。人数を数えてみると9人いることに気づきます。7か国の大統領や首相に並んで、EUの大統領と欧州委員長が参加しているのですね（写真①）。

肥大化するEUの悩み

関税をなくすことでEU各国間のものの流れが自由になりました。次に、各国バラバラだったさまざまな基準を統一する必要性が出てきます。

たとえば、ビール。ドイツでは厳密に麦芽とホップと水だけでつくられたものしかビールと呼べません。しかし、ベルギーにはチェリー味のビールもあります。ドイツにすれば、そんなものはビールなんていえない。

あるいは、チョコレートと呼べるのは、カカオバター100%のものだけ、とされるドイツやベルギー、フランスなどから見れば、イギリスの甘いチョコレートは、チョコレートとは呼べない。

ビールというものは何をもってビールというのか、チョコレートとは何をもってチョコレートというのか、それまで、それぞれの国が独自に決めてきたルールです。簡単にひとつのルールにまとめることはできません。各国は自国のルールを守ろうと対立します。当然ながらEU本部の中には、そういうさまざまな基準を決めるための機関が必要になり、調整するために働く官僚がどんどん増えていきました。

EUの本部はベルギーのブリュッセルにあります。EUでは、加盟国はすべて平等です。それぞれの国の言葉は、すべてEUの共通語になります。

ということは、会議が開催される時は、言語の数だけ通訳が必要になります。さらに、公式文書もすべてそれぞれの国の言葉で記録されます。通訳や翻訳者だけでも膨大な人数が必要です。

結局、EUの本部はどんどん肥大化し、一大官僚組織ができあがります。どんな組織でも同じですが、役員会や理事会が大きくなると、調整に時間がかかり、ものごとはなかなか決まりません。

EUでも、非効率的なことや不合理なことが多くなり、加盟国の国民の中にはさまざまな反感が蓄積していきます。平和のための欧州統一という理想と、各国間の思惑の違いやEU運営に対する不満などの現実問題。そのバランスをどう取っていくのかが、これからのEUの未来を決める重要な要素のひとつです。

Q EU本部が設置された場所について質問です。フランスのパリでもドイツのベルリンでもなく、なぜベルギーのブリュッセルに置かれたのでしょう？

――ドイツとフランスの争いも、EU発足の要因だったから、緩衝的な意味で両国の中間地点に置いたんじゃないかと思います。

半分、正解ですね。ドイツとフランスというふたつの大国はもともと仲がよくありません。どちらの国に置いてもケンカになるでしょう。それならば、むしろ小さな国に置いたほうがいいという考えが、理由のひとつです。

ではなぜ、ベルギーが選ばれたのか。ベイシック・シックスの中でいえば、オランダでもルクセンブルクでもいいように思えます。実は、ベルギーには自分の国の言語がありません。つまりベルギー語という言葉は存在しないのです。

ベルギー北部はオランダ語圏、南部はフランス語圏、東部はドイツ語圏です。三つの言語が話されているベルギーは、まさにヨーロッパの象徴ではないか。そういう考えのもとに、ＥＵ本部（写真②）を置く場所に選ばれたという経緯があります。

しかし多言語国家には、弱点もあります。２０１５年11月に、フランスで同時多発テロがあったでしょう。あの事件の犯人は、ベルギーに逃げ込みました。ベルギーとの国境には犯人が乗り捨てた車がありました。

しかし、フランスの警察はベルギーに逃げ

写真②—ベルギーのブリュッセルにあるEU本部｜写真提供：時事通信社

込んだ犯人を捜査することはできません。ベルギー国内の捜査は、ベルギーの警察に委ねられます。

ベルギーには、フランス語圏とオランダ語圏とドイツ語圏、それぞれに独立した警察があります。

しかも、それぞれ仲が悪くて連携していない。テロリストの情報が共有されていなかったのです。犯人の若者たちのほとんどがフランス生まれのフランス育ちでした。フランス語圏に潜んでいれば、言葉も通じるし、不自由しない。

フランス語圏の警察に見つかれば、ドイツ語圏かオランダ語圏に逃げ込めばいい。ベルギーに逃げ込んだ容疑者を逮捕するまでに数か月もの時間がかかったのは、こういう理由もあったからなのです。

インターポールの名前は、聞いたことがあるでしょう。世界中の犯罪組織の情報を各国の警察と共有しながら捜査を行っていく国際警察です。EUにも、EU全体の犯罪捜査を行うためのユーロポールという警察機構があります。

フランスのテロ事件の時にもユーロポールが各国警察に連絡して緊急検問を張ったのですが、ベルギーに逃げ込まれたために捜査が難航したのです。

シェンゲン協定で国境がなくなった

欧州統合の動きが始まる以前、ヨーロッパの各国間には国境があり、輸入品には関税がかけられていました。国境の検問所では、輸入品を運ぶトラックの運転手がチェックを受けるために何十枚ものリストを提出して検査を受けます。

検問所には、トラックが延々と列をなし、国境を通過するために何時間も待つ。そんな状態が続いていました。

関税は撤廃され、その結果物流もスムーズになりEU圏内の貿易が非常に活発になりました。EU加盟各国の経済も活性化します。

ものの動きが自由になれば、次は人の移動も自由にしたい。そこで生まれたのが「シェンゲン協定」です。

海外に行くと必ず入国審査を受けないとその国には入れません。パスポートを提出して、顔写真を見比べられ、滞在の目的などを質問されます。

もしも国際犯罪者やその可能性のある人が入国しようとしていたら、それを水際で食い止める重要な審査です。でも、私たちのように普通の旅行者やビジネスマンにとっては、

地図⑤—**シェンゲン協定加盟国**（2017年6月現在）

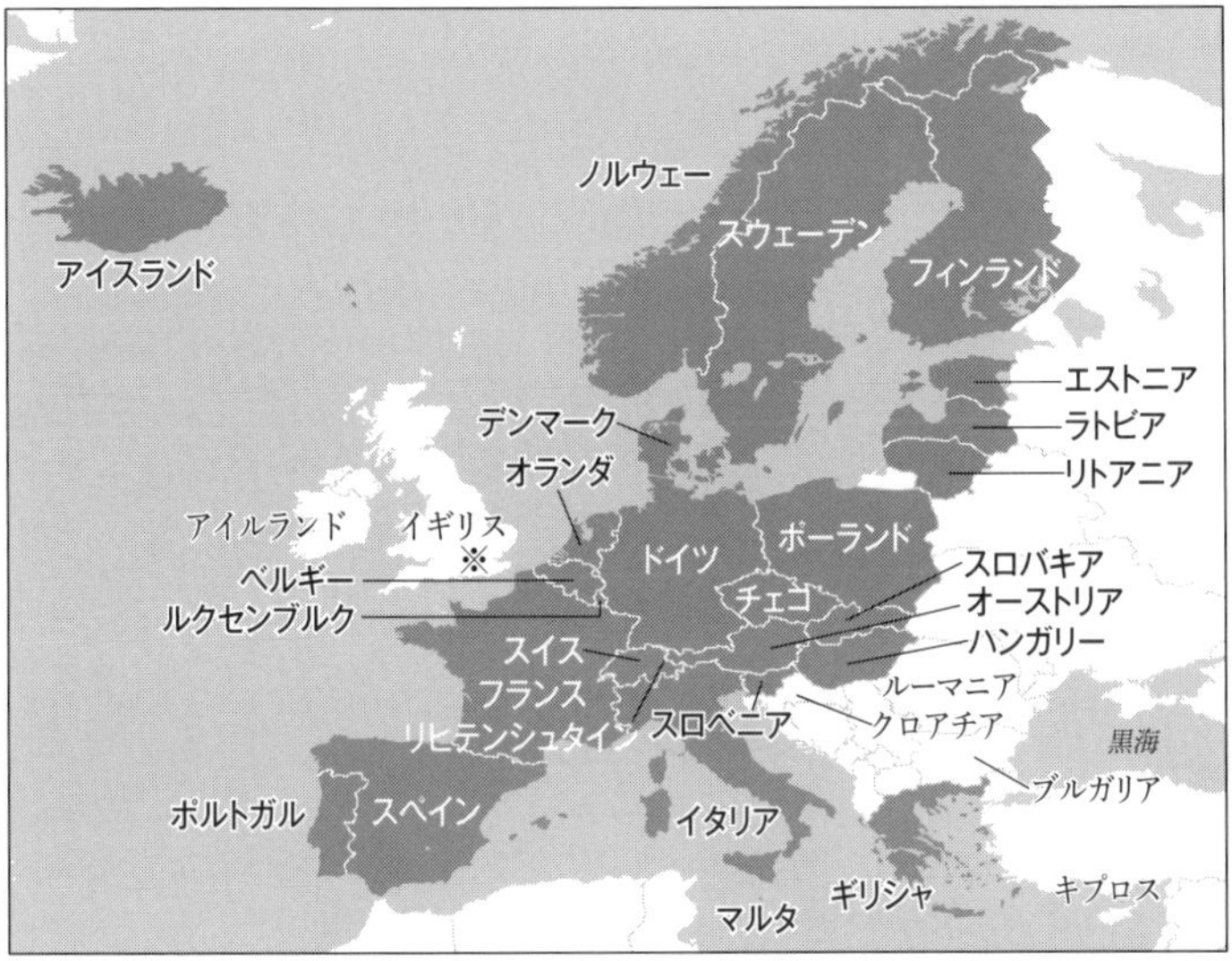

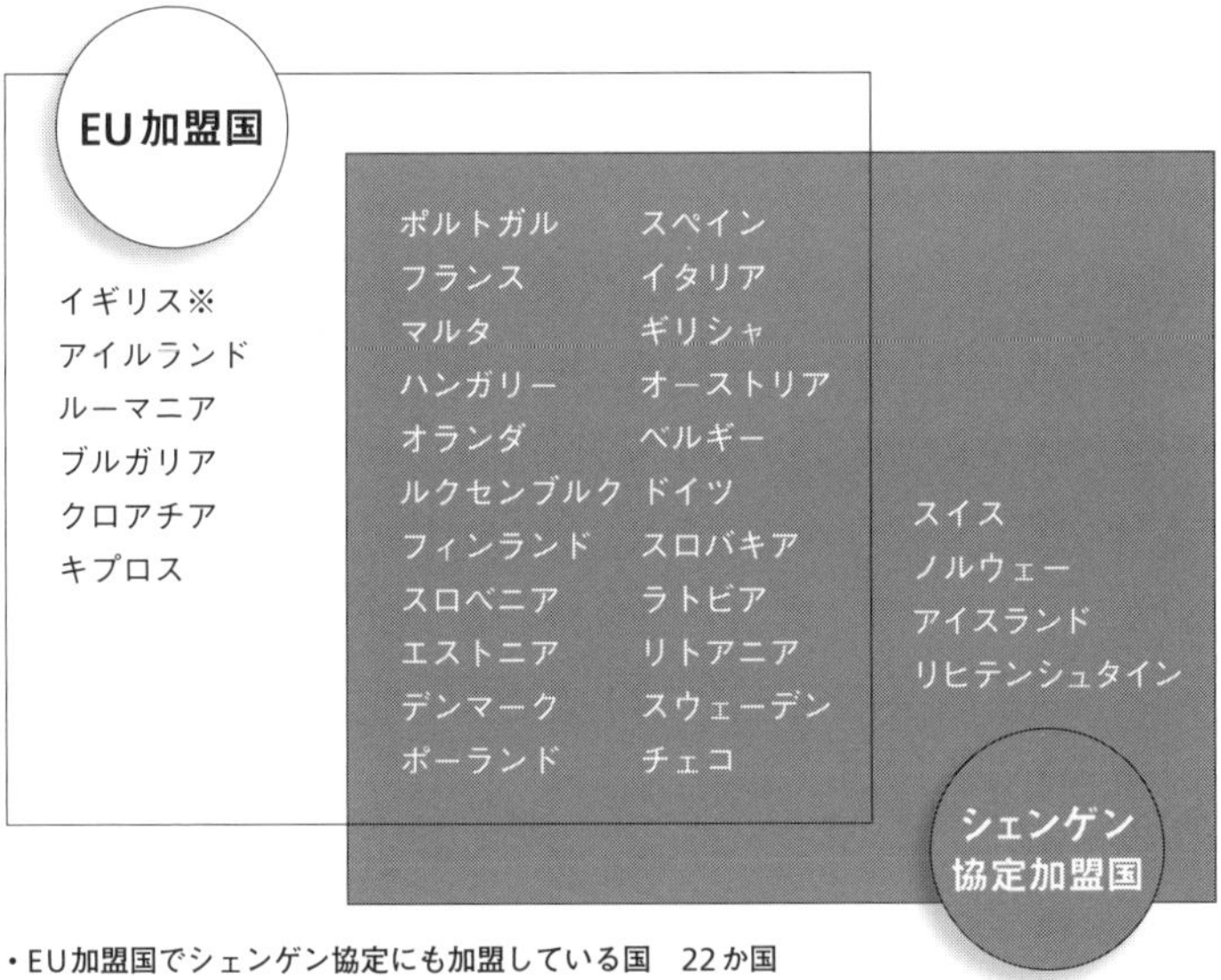

- EU加盟国でシェンゲン協定にも加盟している国　22か国
- EU加盟国でシェンゲン協定に加盟していない国　6か国
- EUには加盟していないがシェンゲン協定には加盟している国　4か国

＊ほか、フランスに国境を開放しているモナコ、イタリアに国境を開放しているバチカンとサンマリノ、スペインとフランスに国境を開放しているアンドラはEUにもシェンゲン協定にも加盟していないが、実質的にシェンゲン圏となっている

※イギリスは2020年1月31日にEUを離脱

かなり面倒なのも事実です。

それが「シェンゲン協定」参加国の間では、一切の手続きなしで自由に行き来ができるようにしたのです。国境がなくなる。それはヨーロッパ各国を相手にビジネスを展開しているような会社にとってはもちろんのこと、普通の人々にとっても非常に助かる協定です。

1985年6月14日、「EEC（欧州経済共同体）」に加盟していた10か国のうち、西ドイツ、フランス、ベルギー、オランダ、ルクセンブルクの5か国がルクセンブルクのシェンゲンという小さな町に集まってこの協定に署名しました。協定参加国は国境検査を廃止し、パスポートなしで自由に行き来できるようになりました。

現在では、26か国が「シェンゲン協定」に参加しています（p71地図⑤）。ところが、EU加盟国は28か国あります。

――EU加盟国の中に「シェンゲン協定」を結んでいない国がある……。

そうなんです。EUに加盟していて、「シェンゲン協定」にも参加している国。EUに加盟しているが、「シェンゲン協定」に参加していない国。EUに加盟していないが、「シェンゲン協定」には参加している国。ヨーロッパには、この3種類の国があるということです。

もちろんフランスやドイツなど両方に参加している国が圧倒的に多く22か国あります。

スイス、ノルウェー、アイスランド、リヒテンシュタインは、EUには加盟していませんが「シェンゲン協定」に参加しています。一方、イギリス、アイルランド、ルーマニア、ブルガリア、クロアチア、キプロスはEU加盟国ですが「シェンゲン協定」に参加していません。

EU圏内はパスポートなしで自由に行き来できると勘違いしている人もいますが、「シェンゲン協定」に参加していない国に行く場合は、パスポートが必要なのです。

私も、ヨーロッパ旅行中に「シェンゲン協定」で、大失敗したことがあります。取材で旧ユーゴスラビアのクロアチアに行った時のことです。ユーゴスラビア紛争のことは第1章でお話ししましたね。

クロアチアでは首都ザグレブのホテルに滞在していました。ザグレブはスロベニアとの国境近くの街です。日帰りで悠々往復できる距離です。ここまで来たのだからスロベニアの様子も見てこようと、軽装のまま鉄道に乗りました。

列車が走り出してから、パスポートを忘れたことに気づきました。でも、スロベニアもクロアチアと同じEU加盟国だから、大丈夫だろうと高をくくっていたんですね。

国境の駅で列車が停車しました。すると、スロベニアの入国審査官が列車に乗り込んできてパスポート検査を始めたのです。クロアチアは「シェンゲン協定」に入っていなかったのです！

私のパスポートは宿泊していたクロアチアのホテルのセーフティボックスの中……。パスポートがないと入国はできません。国境の町で降ろされました。もうクロアチアに戻るしかありません。

仕方なく、国境の駅からザグレブ行きの列車に乗り込みました。すると今度はクロアチアの入国審査官が乗ってきて、パスポートを見せろと言う。

パスポートはザグレブのホテルにあるんだと話しても、パスポートを持っていない人はクロアチアに入国させることはできないと言われます。

さすがに困りました。そこに運よく私の入国を拒否したスロベニアの入国審査官が通りかかったのです。「パスポートを持っていないから追い返したんだ。クロアチアに入れてやってくれ」と声をかけてくれ、事なきを得ました。

国境まで行ったのに、自分の不注意でスロベニアに入れなかった。あまりに悔しかったので、ホテルにパスポートを取りに帰り、もう一度列車に乗ってスロベニアに向かったのでした。

すると、先ほど私を助けてくれたスロベニアの入国審査官がやってきて、「ああ、お前また来たのか（笑）」と。今度はちゃんとパスポートを見せて、入国することができました。

ヨーロッパを旅する時には、パスポートが必要かどうか確認しましょう、という私のうっかりエピソードでした。

――ＥＵとシェンゲン協定加盟国の表を見ると、モナコ、バチカン、サンマリノはＥＵにも、シェンゲン協定にも加盟していませんが……。

その理由を説明しましょう。モナコ、バチカン、サンマリノは、いずれもとても小さな国です。バチカン市国は、カトリックの総本山サン・ピエトロ大聖堂がある場所でローマ教皇（法王）が暮らしている国です。では、そのバチカン市国はどこにあるかというと、イタリアのローマの街の中にあるのです。街の中に独立国がある。日本では考えられませんね。

ローマを散歩していて、サン・ピエトロ大聖堂を見物しようと、その前に広がるサン・ピエトロ広場に足を踏み入れたら、そこはもうバチカン市国なのです。国境はなく、警備の警官が立っているだけ。違う国に入ったという実感はまったくありません。

バチカン市国はぐるりとローマに囲まれています。ローマの街を通らないとどこにも行くことができません。非常に不思議な構造です。つまりローマの一部でありイタリアの一部のようなものだから、改めてＥＵに加盟しなくても不都合はないのです。

モナコはフランス、サンマリノはイタリアに国境を開放していて、ほとんど同化した存在になっています。結果的に、フランスやイタリアと同じ扱いを受けている。そのほかにスペインとフランスと国境を接しているアンドラも同様です。ヨーロッパには、こういう国もあるということですね。

「シェンゲン協定」に参加しない国の考えも話しておきましょう。このあと詳しく話しますが、ヨーロッパは中東やアフリカからの難民問題に揺れています。さらには、その中にテロリストが紛れて入国する可能性もある。

国境をなくして人の行き来を自由にしたら、自国内が危険にさらされる。やはり国境でしっかり入国審査すべきだという考えですね。イギリスなどは治安維持を優先してこの

写真③―オーストリアとスロベニアの国境｜写真提供：Alamy/PPS通信社
この先はEU圏のスロベニアという標識のみで、検問所もなく入国審査官もいません。

考え方をとっています。

ひとつのヨーロッパという理想はみんな実現したい。しかしそこには、解決すべき問題がまだまだたくさん残っているということです。

「シェンゲン協定」が結ばれたことで、ヨーロッパの多くの国々の間に国境がなくなりました。かつて国境があったところは、どうなっているのか。それを見たくて、ドイツとオランダの国境跡を見に行ったことがあります。ここから先は、オランダですよという標識は出ていましたが、かつて国境線があったと思われる場所には、道路に薄い線がかすかに残っていただけでした。

第3章
「通貨統合(ユーロ)」から見るEU

使わなくてもお金が半分になってしまう

ＥＵの最終的な目標は、アメリカと同じように欧州各国が集まってひとつの合衆国を形成することです。アメリカ合衆国は、独自の自治機能を持った50の州が集まって国をつくっています。それぞれの州には、独自の憲法があり、軍隊もある。つまりそれぞれが独立した国のようなものなのですが、対外的にはUnited States of Americaとして行動するのがアメリカという国です。

ヨーロッパだって、フランス、ドイツ、ベルギーなど別々の国が集まって、欧州合衆国をつくることができるだろう。そんな理想に燃えてＥＵがつくられました。

その結果、関税は撤廃され、ＥＵ内での企業活動は活性化しました。「シェンゲン協定」によって事実上国境がなくなり、パスポートなしで自由に人の移動ができるようになりました。

人やものの移動は自由になっても、国によって通貨が違うと不便です。ヨーロッパ全体の通貨を統一しようという動きも出てきます。通貨統一の考え方は１９７０年代からあったのですが、なかなか実現できずにいました。

欧州統一通貨「ユーロ」の使用が開始されたのは、2002年1月1日のことです。まず、欧州統一通貨「ユーロ」の構想が生まれた時代背景を見てみましょう。「ユーロ」以前、ドイツは「マルク」、フランスは「フラン」、イタリアは「リラ」というように、どの国も独自の通貨を持っていました。

Q 国境を自由に行き来できても、通貨が違うと、ある不便なことが起こります。それはどんなことでしょう？

――国を移動するたびに、通貨を両替しなくてはいけません。

そのとおりです。たとえば、あなたがヨーロッパ一周旅行をしている旅人だとします。日本からフランスに入る時、円をフランに両替します。さらにドイツに渡る時にはマルクに、というように国を移動するたび、その国の通貨に両替しなければなりません。面倒ですね。

さらに両替をするには、手数料がかかります。ヨーロッパの国を全部回ると、両替の手数料だけで、もともと持っていたお金の半分になってしまうと言われていました。それほど効率が悪かったのです。EU内で通貨を統一すれば、両替の手続きも、手数料も不要になります。

1980年代から90年代にかけて、日本の経済力が急成長していました。アメリカに次いで世界第2位のGDPを誇るほどになりました。

ヨーロッパにはドイツ、フランス、イギリス、イタリアなど比較的大きな国もありますが、ほとんどが人口1000万人に満たない小国の集まりです。

人口が1億人を超える日本や2億人を超えるアメリカ（現在は3億人超）という巨大な経済圏に対抗するためには、ヨーロッパ各国がばらばらに戦っていては勝ち目がありません。

自国の通貨が弱いと、国際的な競争力も弱くなります。もし通貨まで統合されれば、数億人規模の巨大な経済圏が生まれます。そうしなければアメリカのドルや日本の円に対抗することはできない、と危機感を募らせたのです。

さらに共通通貨にすると、EUに加盟する各国企業間の競争も促進されると考えました。たとえば、ドイツとフランスで同じような商品を販売していたとします。ドイツで買うと100マルク。フランスだと300フランです。どちらが安いのか、すぐには判断できません。通貨が違うと、こういう不便が起こります。

でも、各国が共通通貨を使っていると、一目瞭然ですね。そうすることで企業間の競争が生まれ、より安くより品質のいいものをつくる会社が勝ち残っていくだろう。そしてE

Uの経済はどんどん活性化されていくだろう、と考えたのです。

しかし通貨の統一、「ユーロ」の導入はすんなりと実現したわけではありません。それには、実に困難な道のりがあったのです。

ユーロはバーチャル通貨だった？

話は、ECの時代にさかのぼります。西ドイツ、フランス、イタリア、オランダ、ベルギー、ルクセンブルクのベイシック・シックスに加え、イギリスなど各国が加盟。EC（欧州共同体）は徐々に規模を拡大しながら、欧州統合へ向かって進み始めます。

その中で欧州共通通貨という発想が生まれます。しかし、欧州共通通貨を採用するということは、これまで使ってきた自国独自の通貨を放棄することです。簡単なことではありません。

ヨーロッパ各国の中には、経済の強い国もあれば、弱い国もあります。各国間の為替レート（通貨の交換レート）は、大きく変動していました。自国の通貨が強くなれば、輸入業が儲かります。逆に弱くなると輸出業が儲かります。

日本もバブル経済の頃、1ドル＝80円という超円高になったことがあります。現在は1

ドル＝110円くらいですから、100ドルのバッグを買おうとした時に、今のレートなら1万1000円必要ですが、その頃は8000円で買えたのですね。

当時の日本は自国の実力以上の円高でした。輸出産業がまったくだめになり、国内は不況に陥りました。為替レートが自由化されたままだと、このように急激な変化が起こり、経済にダメージを与えることもあります。

ヨーロッパ各国は、欧州共通通貨を導入する前に、まず加盟国間の為替レートを安定させることが重要だと考えました。

そこで、このレートをある一定の変動幅に収め、国間の通貨を安定させる制度を決めます。これで、急激な為替レートの変動は起こりにくくなりました。

その上で、バーチャルな共通通貨という概念をつくりました。これが欧州通貨単位ECU（European Currency Unit）です。「エキュ」と発音します。1979年から98年まで使われました。

——**バーチャルなお金って、どんなお金なんですか？**

そうですね。それをちゃんと説明しておかなければいけないね。たぶんみなさんは、バーチャルなお金というと、ビットコインなどの仮想通貨を思い浮かべると思います。

もちろん、この時代にはまだインターネットを使った仮想通貨はありません。では、こでいうバーチャルな共通通貨とは何か。それは、銀行などの電子取引で使われる計算単位としてのお金のことです。実際の通貨をやりとりするのではなく、ECUという単位で数字をやりとりするわけです。

ECおよびEU加盟国の中央銀行間の決済などに、このバーチャルな共通通貨ECUが使われました。

そして、1994年に欧州通貨機構が設立されます。将来、欧州共通通貨ができた時に、各国のお金との交換レートはどうするのか。さらに、欧州共通通貨を発行する欧州中央銀行はどのような法律のもとで設立するかなど、本格的に通貨統合に向けての準備が始まりました。

通貨はその国の経済にとっても生活にとっても重要なもの。共通通貨導入後に大きなトラブルがあったら取り返しがつきません。移行期間を設けて、通貨の統一が社会や経済にどんな影響を与えるのか確かめながら、慎重に進めていったということです。

実際に「ユーロ」導入決定後も、1999年から2001年末まではECUに代わる決済用の仮想通貨として用い、実際に現金のユーロが登場したのは2002年の1月1日のことでした。現在では、25か国がユーロを導入しています（p87地図⑥）。

「ユーロ」ではなく「ＥＣＵ」になるはずだった

Ｑ ここで、質問です。紙幣はどこが発行しているでしょう？

――日本は、日本銀行が発行しています。

正解です。当たり前のことですが、紙幣を発行するためには、紙幣を発行する銀行をつくらなければいけません。私たちの使っている紙幣を見ると「日本銀行券」と書いてありますね。日本銀行という日本の中央銀行が発行しています。

お金の価値は、その国の信用力です。誰もが勝手に発行できるわけではありません。国に認可された中央銀行ではない人や機関が発行しても、誰も受け取ってくれませんよね。ＥＵ共通の通貨を発行するためには、ヨーロッパの中央銀行をつくらなければなりません。１９９８年に欧州中央銀行（European Central Bank／ＥＣＢ）が設立され、ドイツのフランクフルトに本部が置かれました。

――なぜ、ドイツに置かれたのですか？

欧州最大の金融の中心地は、ロンドンです。しかし、イギリスは「ユーロ」を採用しませんでした。それでヨーロッパではロンドンの次に大きく、ユーロ圏では最大の金融都市

地図⑥—**ユーロ導入国**（2017年8月現在）

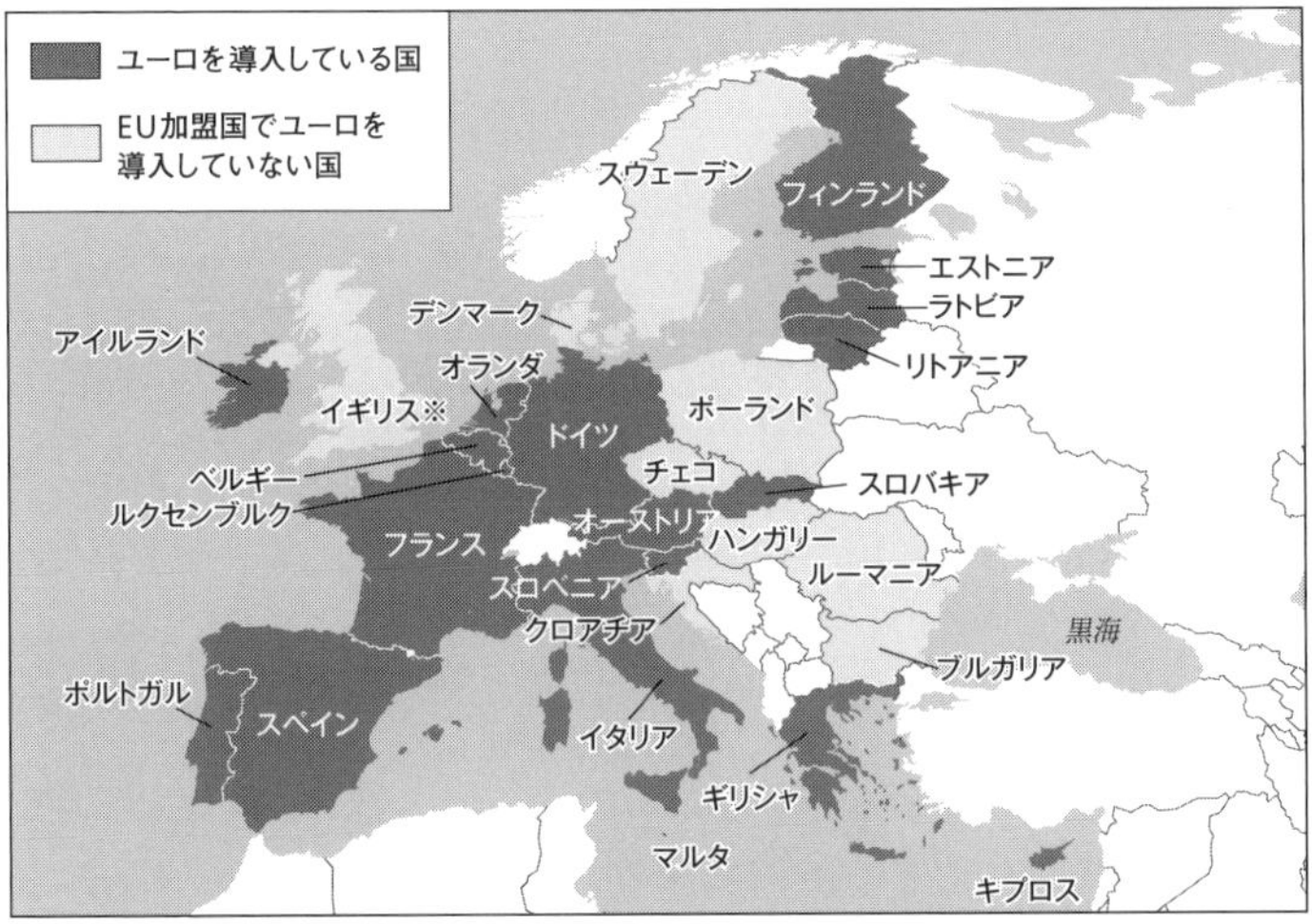

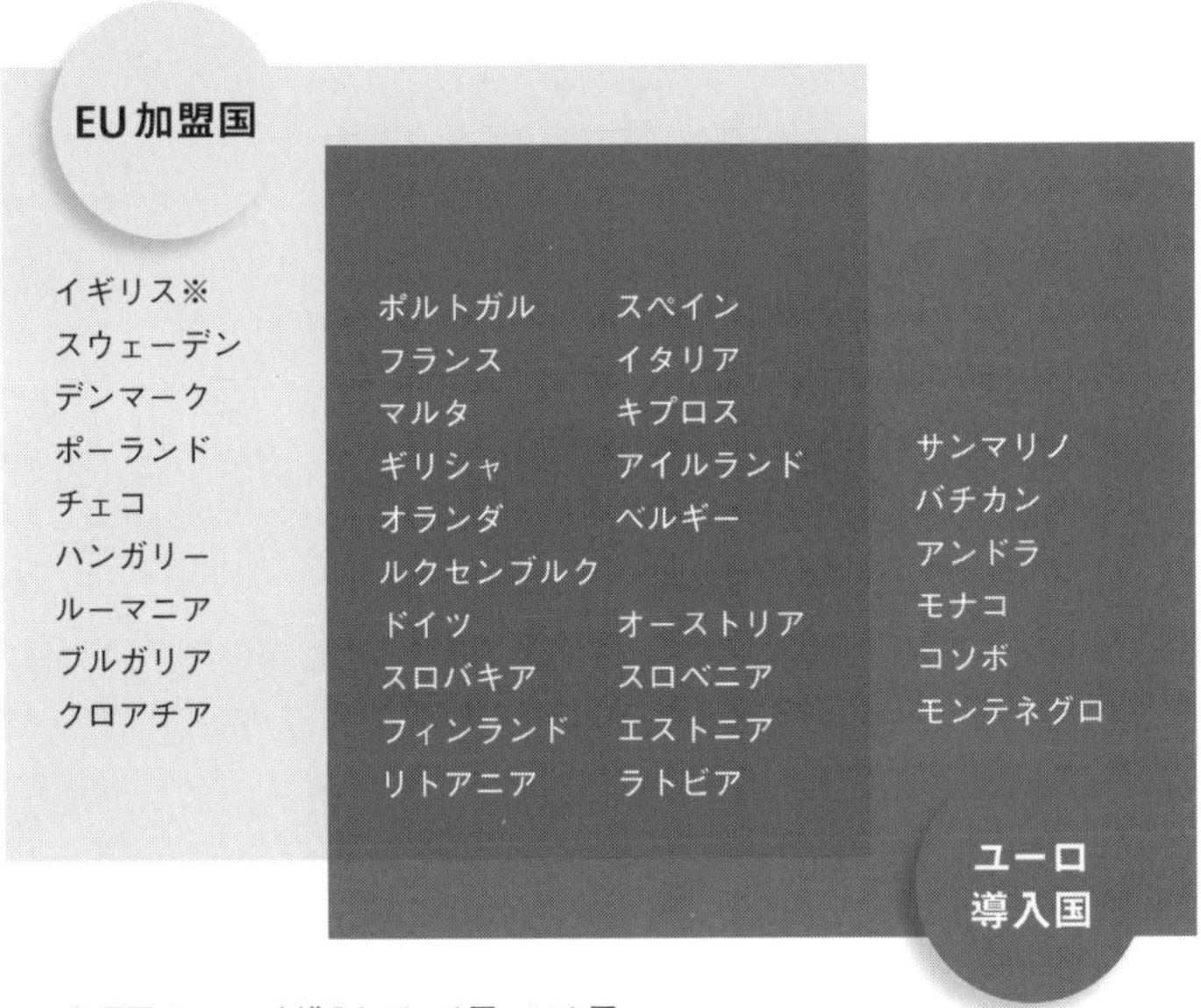

・EU加盟国でユーロを導入している国　19か国
・EU加盟国でユーロを導入していない国　9か国
・EUには加盟していないが、ユーロを導入している国　6か国
※イギリスは2020年1月31日にEUを離脱

であるフランクフルトに置いたのです。

そして、役員6名のうち4名は、フランス、ドイツ、イタリア、スペインの中央銀行出身者が就きました。

——欧州中央銀行ができて、それぞれの国の中央銀行はなくなったのですか？

確かに、そういう疑問も出てきますよね。事実上国境を廃止し、関税も撤廃、欧州共通通貨「ユーロ」を採用したといっても、EU加盟国はそれぞれが独立した国です。

各国にも中央銀行は残ります。しかし、各国の中央銀行の役割は、欧州中央銀行の命令のもと、国の経済調査や国内の民間銀行の監督業務などに限られています。

元来、中央銀行の役割は紙幣の発行だけではありません。金利などその国の経済政策を左右するさまざまな役割を担っています。

欧州中央銀行だけになってしまうと、たとえばドイツには都合がいいけれどフランスには都合が悪い金融政策が出される可能性もある。それでは、EUの経済は混乱します。そこで欧州中央銀行とEU加盟国の中央銀行が話し合いながらEUの金融政策を決めていきましょうということになりました。この仕組みを「欧州中央銀行制度」（図表⑤）と呼びます。さらに、欧州中央銀行とユーロ参加国の中央銀行で通貨政策を行うことを「ユーロシステム」といいます。

さあ、いよいよ共通通貨を発行することが決まりました。そこでひとつ問題が出てきます。欧州統一通貨の名前をどうするかということです。

長年ECUを使ってきたのだから、共通通貨の名前もECUにすればいいという意見が出て、ほぼECUに決まりかけていました。

ところが、13世紀中頃からフランスでecu（エキュ）という名の硬貨が使われていたことに、ドイツが気づきます(笑)。

何度も言いますが、ドイツとフランスは、仲が悪い。ドイツは、なぜフランスの通貨の呼び名だったものを使わなければならないんだと、反対しました。

結果、Europeの頭の文字をとって、E

図表⑤― **欧州中央銀行制度** | 出典：外務省

ユーロシステムとは、欧州中央銀行とユーロ参加国の中央銀行で行われる金融政策のことです。

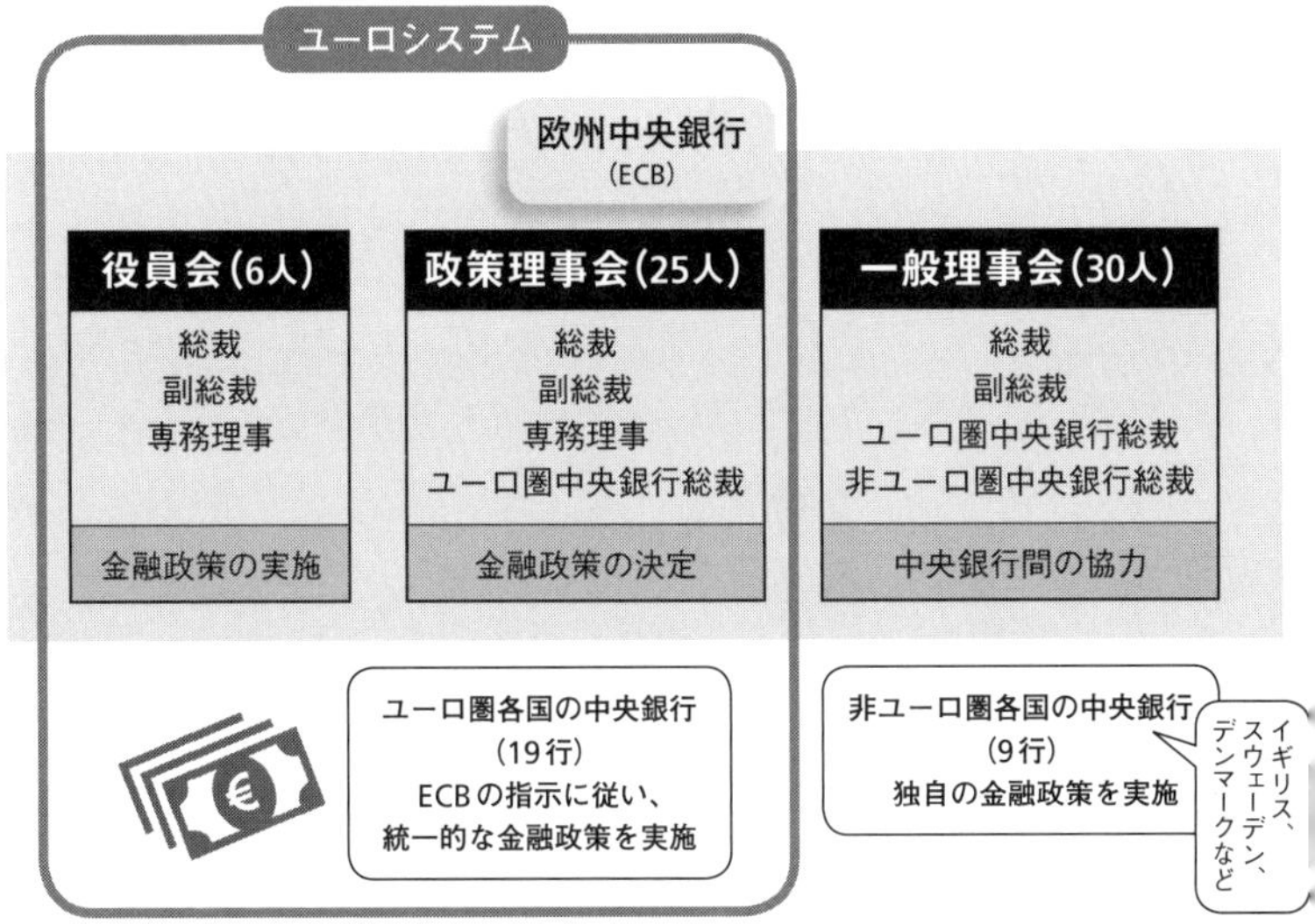

URO（ユーロ）という名前に決まったという、こぼれ話でした。

500ユーロ紙幣は誰が使う？

ここに10ユーロ札、20ユーロ札、50ユーロ札があるので、見てください。これは最初に発行されたお札ではありません。偽造防止のために、現在は少しデザインが変わっています。よく見ると、左上にサインがあるでしょう（図表⑥）。

Qさて、これは誰のサインでしょう？

――EUの大統領のサイン？

惜しいですね。欧州中央銀行の総裁のサインです。日本のお札、日本銀行券には、表に「総裁之印」という日本銀行総裁の「印鑑」が押されていますが、総裁が替わっても印鑑が替わることはありません。ところが、欧米は印鑑ではなく、サイン文化です。だからEUでは中央銀行の総裁が替わるたびに、サインが変わる。現在は、マリオ・ドラギというイタリア人の総裁です。ここに記されているサインは、ドラギさんのものです。

図表⑥—**ユーロ紙幣デザインと欧州中央銀行総裁のサイン** | 出典：ECB

＊specimenは、見本という意味です。

表　　裏

10ユーロ

20ユーロ

50ユーロ

歴代総裁のサイン

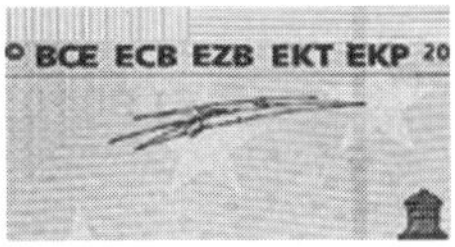

初代 ウィム・ドイセンベルク

2代 ジャン＝クロード・トリシエ

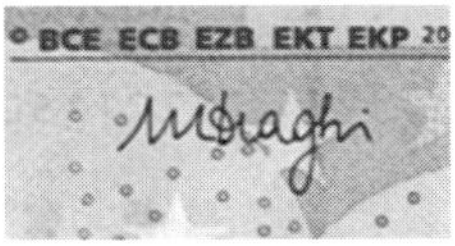

現在 マリオ・ドラギ

Qユーロ紙幣の表面の絵柄を見て、気づくことはありませんか？

――**門と窓が描かれています。**

ユーロは、世界に開かれているという意味を込めて、さまざまな門や窓がデザインされているんですね。バロック調だったり、ロココ調だったり、近代建築だったり、いろんな時代の門や窓が描かれています。

裏には、どの紙幣にも橋が描かれています。文字どおり世界への架け橋という意味です。

――**橋や門は、どこかの有名な建造物なんですか？**

普通はそう思うよね。でも違うんだな。これらの建造物はすべて架空のものです。EU共通通貨の絵柄にどこか特定の国のものを描くと、ケンカになるでしょう。だから、いかにもありそうな雰囲気の架空の橋や門が描かれているというわけです。

Q日本では、1万円札が最高額の紙幣です。ユーロ紙幣ではいくらが最高でしょう。

――**100ユーロだと思います。**

残念ながら違うんだな。実は500ユーロ札なんです。1ユーロ＝120円として、6

万円です。かなり高額ですね。そのせいか500ユーロ札の発行には、反対の声も多かったといいます。

不思議なことに、ヨーロッパの街で500ユーロ紙幣を見かけることは、ほとんどありません。もし仮にあなたがヨーロッパのお店で買い物をしたとします。レジで500ユーロ札を出しても受け取りを拒否されることがほとんどです。もし受け取った紙幣が偽札だったら、お店は大損害ですから。私も、ヨーロッパで500ユーロ紙幣を見たことがありません。しかし、最も多く発行されている紙幣もまた、500ユーロ札なのです。ここからは少し推理してください。

Q 大量に発行された500ユーロ札はどこに消えたのでしょう。

――銀行が貸し出すためのお金?

なるほど。融資資金ですね。でも今は、銀行で多額の現金をやりとりすることはほとんどありません。通帳の上で、数字を動かすだけでいい。現金をわざわざ持ち運ぶ必要はありません。

――会社のお給料。

みんな、真面目だね。もっと悪いことに使おうと考える人はいないかな(笑)。

——身代金を現金で要求する時に使う。

犯罪のお金というところまでは合っているんですが、まだ違います。100万ユーロの身代金を500ユーロ札で受け取る。2000枚です。100ユーロだと1万枚。確かに運びやすいかもしれません。

でも、500ユーロ札はほとんど見かけることはないと言いましたよね。どこかで使った瞬間に、こいつは怪しいぞということになり、危険です。

身代金の仲介人にインタビューしたことがあるのですが、新札はナンバーが続いているからすぐに足がつく。身代金はお札のナンバーを控えるのが難しい、使い古しの100ユーロ紙幣か100ドル紙幣で要求するそうです。

500ユーロ紙幣はどんな犯罪に使われているのでしょうか。実は麻薬や銃など犯罪者同士の取引に使われているんですね。犯罪者同士ですから、銀行を介さない取引です。お札のナンバーを控えられることもありません。

500ユーロ紙幣なら、スーツケースに多額の現金を入れて運ぶことができます。そのお金は、また取引に使うので、銀行に預けることも、お店で使うこともない。

いざという時には、マネーロンダリングという不正な手法を使って、安全なお金に換えるのです。

そういう事情もあって、欧州中央銀行は、2018年末で500ユーロ紙幣の発行を停止することを決定しました。ただし、すでに発行されている500ユーロ紙幣は、そのまま使えます。街で見かけることはありませんが……。

ここまで紙幣を中心に話をしてきましたが、お金には貨幣、つまりコインもありますよね。先ほど、ユーロ紙幣は欧州中央銀行が発行していると言いました。

Q では、ユーロ貨幣は、どこが発行しているのでしょう。

――同じお金なのだから、欧州中央銀行じゃないんですか？

欧州中央銀行が発行しているのは、実

図表⑦―**ユーロコイン各国のデザインの例** | 出典：ECB

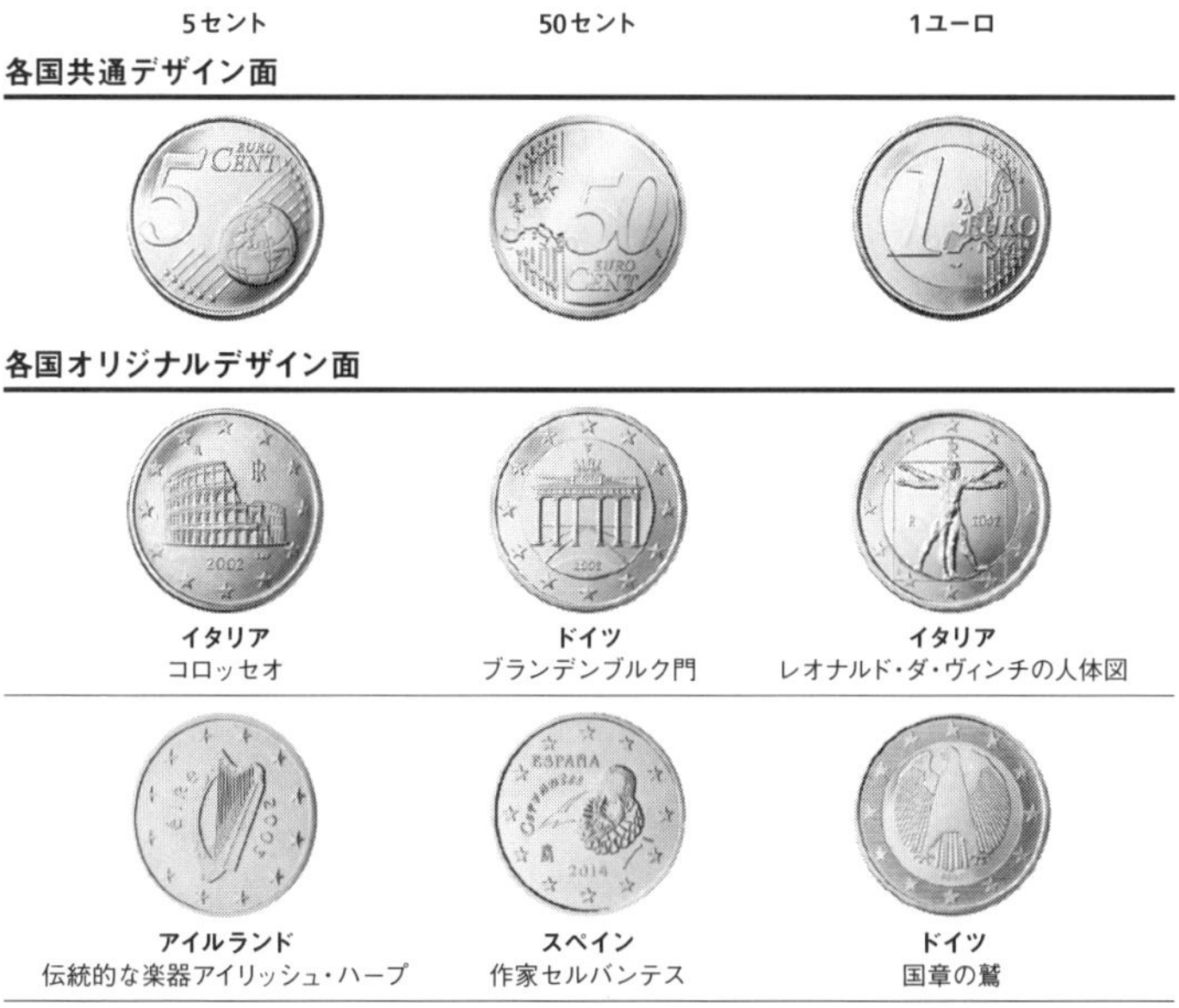

はユーロ紙幣だけで、貨幣はそれぞれの国が発行しています。ユーロ硬貨は、1セントから2ユーロまで八つの金種があります。

金種ごとにデザインは違いますが、片面は各国とも共通のデザインです。しかしもう一方の面は各国バラバラ。独自のデザインを施しています。

イタリアだと、レオナルド・ダ・ヴィンチの人体図やコロッセオが描かれています。ドイツは国章の鷲や、ドイツ分割と統一の象徴であるブランデンブルク門など、それぞれの国の個性が出たデザイン（p95図表⑦）になっています。もし、将来ヨーロッパを周遊することがあったら、国ごとのユーロ硬貨のデザインの違いを確かめてみてください。

ユーロの弱点が露呈した

さて、通貨は統一しました。ところが、ここで難問が持ち上がります。それは、欧州中央銀行の金融政策をどうするかという問題です。

国の経済対策というのは金融政策と財政政策、このふたつの柱で成り立っています。わかりやすく言うと、銀行がお金を貸し出す時の金利を高くするか低くするかが金融政策。国が景気対策に公共事業を次々と行うのが財政政策です。

金融政策においては、景気が悪くなったら、金利を下げてお金を借りやすくします。逆に、景気がよくなりすぎると、金利を上げてブレーキをかけます。

日本の場合、金利水準を決めるのは日本銀行です。1980年代末のバブルの頃、日本経済はものすごく景気がよかったでしょう。みんなバンバンお金を使う。

当時の金利は6%台でした。100万円借りたら、1年後には106万円返さなければいけない。しかし逆に銀行に預けた場合、1年後には106万円になるのです。金利が高いと、企業もお金を借りにくくなり、余計な投資を行わなくなります。

高金利は市場に流通するお金を減らして、バブルのように過熱した経済を引き締める、安定させるという狙いがあります。

ところが、景気が悪くなると、みんなお金を使おうとしない。ものが売れないと、企業も利益が出にくくなります。当然新たな投資をしなくなります。

そういう時には、わざと金利を下げて、お金を借りやすくするのです。企業も新しい事業投資をしやすくなり、景気が上向きになる、という仕組みです。

現実にはこんなに単純ではないのですが、とにかく中央銀行は、金利政策によって経済の動向をコントロールしているのです。

EUでは、「ユーロ」を発行している欧州中央銀行が、EU全体の金融政策を決めることになりました。しかし、ＥＵ加盟国それぞれ経済状況が違います。ドイツは経済力が強く、好景気です。つまり金利は高いほうがいい。金利が低いと景気が過熱しすぎる恐れがあるのです。

逆にギリシャやイタリア、ポルトガルなどは、景気が悪い。とにかく金利は低ければ低いほどいいわけです。

いろんな経済状態の国がある中、欧州中央銀行としては、ＥＵ全体の統一した金利を決めなければなりません。どうしたらいいか、困りますね。

そこで欧州中央銀行は、景気がいい国にも悪い国にもどちらの味方もしないようにバランスを取ります。両者の間をとって金利を決めるのです。

ただし、これで一件落着とならないのが、金融政策の難しいところです。

欧州中央銀行が決めた金利は、ドイツにとっては低すぎる。もっと金利を高くしてもらわないと、景気が過熱してバブルのようになってしまう。

ギリシャやイタリアにとっては、まだ金利が高すぎて、銀行からお金を借りて事業投資しようという企業が出てきません。

あちらを立てれば、こちらが立たず。どっちつかずの金融政策は、どの国も幸せにすることができません。欧州中央銀行の苦悩はこれからも続きます。

景気対策のもうひとつの柱が、財政政策です。それぞれの国が自国の予算をどう使うかということです。日本なら、景気が悪くなれば、赤字国債を大量に発行して、公共事業にどんどん投資する。直接的には、土木や建築業が潤うわけですが、大量のお金が市場に流れることによって、めぐりめぐって経済が活性化するという狙いです。

日本のように独立した国なら、金利を上げ下げする金融政策と公共投資などの財政政策をセットで行うことができます。

しかし、EUの場合は、金融政策は欧州中央銀行、財政政策は各国政府それぞれが行います。その歪みが出た顕著な例が、「ギリシャ危機」です。

2008年に、アメリカの大手投資銀行リーマン・ブラザーズが倒産したことをきっかけに、世界的な大不況が起こりました。その翌年、今度はギリシャで財政赤字のごまかしが発覚しました。このことでギリシャは他国からの信用を失い、資金繰りがどんどん悪化していきました。

ギリシャのように財政的に弱い国は、金融政策では金利をできるだけ低くしたい。でも、「ユーロ」の金利は欧州中央銀行が決めます。ギリシャだけの都合に合わせてはくれません。財政政策に頼るしかありませんから、財源として赤字国債を大量に発行しました。

国債とは国の借金のこと。借りたお金は返さなければいけません。こんなに大量に国債を発行して、ギリシャに返済能力はあるのか。それまでギリシャの国債を買っていた、周りの国々が不安に思い始めます。

ギリシャの国債が売れなくなりました。国債を売ったお金が入らないと、国家予算を組むことができません。

Q ギリシャは、国債を買ってもらいたい。でも、他国から見たら返済されないかもしれない危険な国債です。買ってもらうためには、どうしたらいいでしょう。

――**買ってくれた国に、何かサービスをつける。**

考え方としては正しいです。ギリシャの国債を魅力的に見せる方法は何か。それは、国債に高い金利をつけることなんです。ギリシャの金利はどんどん上がって、一時的には、35%にもなりました。100万円の国債を買ってくれた人や会社には、翌年135万円返済する。しかし、すでに経済が破綻しかかっているギリシャの国債です。返済される見込みのない国債は、誰も買わなくなりました。

新しい国債が売れないと、それまで発行していた国債の返済もできなくなります。返済期限がどんどん迫ってくる。ギリシャにはお金がありません。ついに、ギリシャ経済は破綻してしまいました。これが「ギリシャ危機」の実態です。

ギリシャ経済は回復するのか？

でも、これはギリシャだけの問題じゃないんですね。ギリシャの国債を大量に買って持っていたのがドイツやフランスの銀行です。このままでは、ギリシャの国債は紙くずです。お金を貸していたほうも困ります。

さらにギリシャは「ユーロ」を使っています。ギリシャが破綻すると、当然ユーロの価値は下がります。ギリシャ経済の破綻がＥＵ全体の問題に広がっていきました（ｐ１０３図表⑧）。ギリシャが破綻したままだと、他のＥＵの国々の経済も危機的状況になってしまう。これがユーロ危機です。

この時は、ドイツやフランスなどの国々がギリシャに援助の手を差し伸べて、ユーロ危機を回避することができました。

ドイツやフランスは、ギリシャに対して緊縮財政、つまり国の支出を減らすことを求めます。お金がないのだから、できるだけ支出を減らすのは当然です。

破綻する前のギリシャは、社会保障が充実していました。日本の場合、定年退職後、受け取れる年金の額は、現役時代を通しての平均給与の半分ぐらいです。しかもこれは厚生年金の場合で、国民年金のみの場合は、満額でも月額6万5000円程度です

ギリシャは、退職した時の給料の額がそのまま年金としてもらえていました。すごいでしょう。しかも定年まで働かなくても、年金がもらえるんです。そうすると、50代ぐらいになると、さっさと引退して優雅な年金生活を送ろうと考える人が多くなります。

働く人は少なくなるのに、支出する年金は増えていく。こうして国は、赤字国債を発行して借金をし続けるしかなくなったのです。

またギリシャでは、政党が選挙運動を一生懸命やってくれた人を公務員として採用する約束をすることもありました。政権交代するたびに、どんどん公務員の数が増える。年金と公務員の給料、どちらも国の財政から支出しなければなりません。結果的にものすごい財政赤字を抱えました。

その一方で、ギリシャ国民は税金を納めるのが嫌なんです。普通、買い物をするとレシートを発行してくれるでしょう。ギリシャでは、レシートを出さなくていいなら値引きします、というお店がたくさんありました。お店だけではなく、病院でも同じだと聞いたことがあります。

図表⑧—**ギリシャ危機とEU**

ギリシャ危機とは

2009年10月、ギリシャの政権交代を機に、同国の財政赤字が公表数値と実際がかけ離れていたことが発覚（公表約4%→実際約13%）。ここから始まる、一連の経済危機（ユーロ危機）のこと

↓

ギリシャ国債の暴落 → 飛び火 → ユーロ暴落

↓

しかし、ギリシャは問題がいっぱい…

- 財政健全化計画を発表するも、あまりに楽観的
- 社会保障の過剰な充実
  医療費無料
  大学の学費が無料
  公的年金が現役賃金とほぼ同額
  国民の納税の怠慢
- 全労働人口の約20%が公務員
- 緊縮財政に国民が猛反発　などなど…

巻き込まれたEUは…

ユーロが暴落し、保有しているギリシャ国債は紙切れ同然になったにもかかわらず、ギリシャの財政再建に向けて支援策を決定

ドイツの先導で財政緊縮を徹底させる

↓

そして…

ギリシャ議会は財政改革関連法を可決。2016年8月、EUは「欧州安定メカニズム」に基づく、さらなる支援策に合意し、当面の危機が回避された

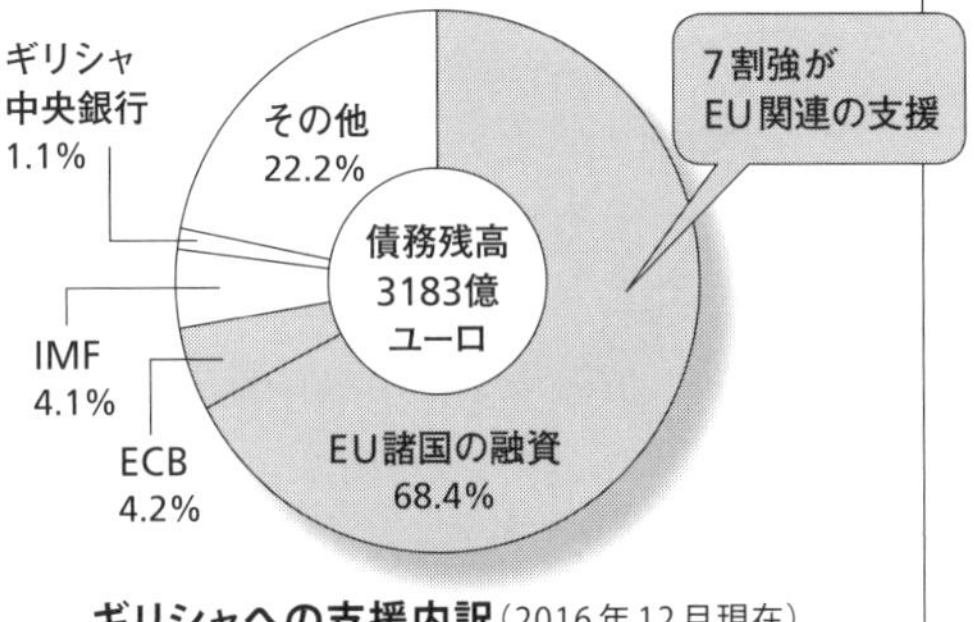

ギリシャへの支援内訳（2016年12月現在）
出典：Economic Governance Support Unit

それはなぜか。レシートを発行した段階で、レジに売り上げの記録が残ります。レジに登録しなければ、どれだけ売り上げがあったか国税庁につかまれることはありません。脱税ですね。

ドイツやフランスからは、国民に税金をちゃんと払わせなさい、年金は下げなさい、公務員の給料も下げなさい、と迫られる。ドイツの国税庁の職員が、ギリシャの税金の取り立てを手伝うことになる。こうなるとギリシャの人々は、ますますドイツ嫌いになっていきます（図表⑨）。

EU加盟前のギリシャは、「ドラクマ」という通貨単位を使っていました。もし、「ユーロ」ではなくドラクマに戻せば、どういうことが起きるのか。

図表⑨―**EUにおける意識調査** ｜出典：ピュー・リサーチセンター 2013年

EU8か国で聞きました。
EUの中で、最も信頼できる国、高慢な国、慈悲深い国はどこですか？

	最も信頼できる国	最も信頼できない国	最も高慢な国	最も謙虚な国	最も慈悲深い国	最も薄情な国
イギリス	ドイツ	フランス	フランス	イギリス	イギリス	ドイツ
フランス	ドイツ	ギリシャ	フランス	フランス	フランス	イギリス
ドイツ	ドイツ	ギリシャ／イタリア	フランス	ドイツ	ドイツ	イギリス
イタリア	ドイツ	イタリア	ドイツ	スペイン	イタリア	ドイツ
スペイン	ドイツ	イタリア	ドイツ	スペイン	スペイン	ドイツ
ギリシャ	ギリシャ	ドイツ	ドイツ	ギリシャ	ギリシャ	ドイツ
ポーランド	ドイツ	ドイツ	ドイツ	ポーランド	ポーランド	ドイツ
チェコ	ドイツ	ギリシャ	ドイツ	スロバキア	チェコ	ドイツ

ギリシャを除く7か国は、ユーロ危機の対応などでドイツが果たした役割を評価し、最も信頼できる国にあげています。一方、厳格な緊縮財政措置を課されたギリシャは、ドイツのことを高慢で薄情で信頼できないとみています。

ギリシャの経済は、最悪の状態です。ドラクマは、暴落します。しかしドラクマが安くなれば、輸出産業にとっては追い風になるんですね。たとえば、円安だと輸出が伸びるでしょう。それと同じです。だから、経済が回復に向かうチャンスもあったのです。

でも、ギリシャは共通通貨の「ユーロ」を使っている。「ユーロ」の価値は、ギリシャ経済の実力よりかなり高い。つまり通貨価値を下げることができない。しかも赤字国債は、買い手がつかなくなってしまった。八方塞がりの状態になったのです。

共通通貨にすると、いったん悪いほうへ転がり始めると、景気対策が施しにくくなり、ギリシャのような問題が起きることもあるのです。

民間企業が国をランク付けする？

みなさんは、格付け会社または格付け機関というのを聞いたことがありますか？　格付け会社とはその名のとおり、ランク付けをする会社のことです。

Q さあ、どんなランク付けをするのでしょう?

――会社の信用度といったものでしょうか。

結局はそういうことになるよね。じゃあ、何をもとに格付けしているかというと、格付け会社が対象にしているのは、主に企業の社債です。社債とは、会社が資金調達のために投資家からお金を借りる時に発行する債券のこと。格付け会社は、この社債を買った場合、きちんと返済されるかどうかの安全度を、AAAからCまでといった記号で示しているのです(ランクの表記は格付け会社によって異なります)。簡単にいえば、「貸したお金が返ってくる度合い」ということで、きわめて安全な企業ならAAA、きわめて危険ならCとなるわけです。

格付けが高くなると、当然、社債を買うリスクが低くなるので、低い金利で売れますが、格付けが低いと、それだけリスクが高くなるということなので、高い金利をつけなければ買ってもらえません。企業にとっても、自分の会社がどこに格付けされるのかは、非常に気になるところなのです。

格付け会社は公的な機関ではなく、民間の会社です。各国にありますが、アメリカのスタンダード・アンド・プアーズやムーディーズが特に有名で、二大格付け会社と呼ばれて

図表⑩—スタンダード・アンド・プアーズによる主要国の国債格付け
（2017年9月23日現在）

国名	ランク	見通し
ドイツ	AAA	→
ルクセンブルク	AAA	→
オランダ	AAA	→
スイス	AAA	→
デンマーク	AAA	→
スウェーデン	AAA	→
ノルウェー	AAA	→
カナダ	AAA	→
シンガポール	AAA	→
オーストラリア	AAA	↘
アメリカ	AA+	→
オーストリア	AA+	→
フィンランド	AA+	→
香港	AA+	→
ニュージーランド	AA	→
フランス	AA	→
イギリス	AA	↘
韓国	AA	→
ベルギー	AA	→
エストニア	AA−	→
チェコ	AA−	→
台湾	AA−	→
中国	A+	→
スロバキア	A+	→
日本	A+	→
アイルランド	A+	→
スロベニア	A+	→
サウジアラビア	A−	→
マルタ	A−	→
ラトビア	A−	↗
リトアニア	A−	↗
ポーランド	BBB+	→
メキシコ	BBB+	→
スペイン	BBB+	↗
ハンガリー	BBB−	↗
イタリア	BBB−	→
インドネシア	BBB−	→
インド	BBB−	→
ルーマニア	BBB−	→
ポルトガル	BBB−	→
キプロス	BB+	↗
ブルガリア	BB+	↗
ロシア	BB+	↗
南アフリカ	BB+	↘
クロアチア	BB	↗
トルコ	BB	↘
ブラジル	BB	↘
アルゼンチン	B	→
ギリシャ	B−	↗
エジプト	B−	→
ウクライナ	B−	→
ベネズエラ	CCC	↘

□ EU加盟国　■ EU加盟国でユーロ導入国

ランク（↑安全　↓危険）

ランク	
AAA	信用度が最大
AA	信用度が高い
A	信用できる
BBB	信用度が中程度
BB	信用リスクあり
B	信用リスクが高い
CCC	信用リスクがきわめて高い

見通し

見通し	
↗	明るい
→	安定
↘	暗い

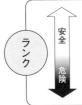

います。通常は企業の格付けをしていますが、国家が発行する国債に関しても格付けをします（p107図表⑩）。

ギリシャ危機の真っただ中の時、EU各国は軒並みランクを下げました。スタンダード・アンド・プアーズのランク付けでは、財政破綻をもたらした当のギリシャはBBプラスからCCに、同じく財政危機に苦しんでいたスペインはAAからAに、ポルトガルはAマイナスからBBへと大幅に等級がダウン。それまでAAAにランクされていたドイツ、オランダといったEUの優秀国もAAプラスになりました。

この時は2008年のリーマンショックの余波が続いていましたから、世界各国がランクを下げる傾向にはありました。それに追い打ちを掛けるように、EU各国は大きなダメージを被《こうむ》ったというわけです。

経済の状態がよくない国にしてみれば、国債は買ってもらいたいけれど、格付け会社からは低く評価される。すると、さらに財政難が生じてしまうという悪循環。このように、国の懐具合を格付け会社が握っているという現実もあるのです。

ギリシャの姿は、借金大国日本の未来？

ギリシャのような例を目のあたりにすると、「ユーロ」に参加しない国があるのも納得できますね。イギリスがそのいい例です。イギリスはイングランド銀行の発行の紙幣を使い続けたい。イギリスの紙幣にはすべてエリザベス女王の顔が入っています。「ユーロ」になると、それがなくなってしまう。エリザベス女王の顔が描かれていない紙幣なんか使いたくない。そういう市民感情も理由のひとつにあって、「ユーロ」を導入していません。

イギリスのほかにも、欧州中央銀行に金利をコントロールされたくない。自分の国の産業がほかの国の産業と比較されて、負けてしまうかもしれないと考えて、敢えて「ユーロ」を採用しないという選択をしている国もあります。

一方で、EUに加盟していないけれど、「ユーロ」を使いたいという国も出てきます。小さな国や自国の通貨が不安定な国の場合、「ユーロ」のほうが圧倒的に国際的な信用度が高いでしょう。自国の通貨を捨てて、「ユーロ」の一員になったほうが経済的に有利だと判断して「ユーロ」を採用しているのです。

――**日本の国債は国内で買われているので、国が返せなくなっても、国内だけの被害ですみます。でも、ギリシャのようにほかの国に買ってもらっていると、共倒れになってしまう可能性もありますよね。**

国債のことに詳しいね！　ユーロ危機の際、まさにそれが起きたのです。ギリシャの人たちは自分の国の国債を信じていません。だから自国の国債を買うことはほとんどない。ドイツやフランスの銀行が、ギリシャの国債を大量に買っていたんですね。もしギリシャがこのまま破綻して、国債が返済されないと共倒れになってしまう。

ドイツやフランスの銀行は、ギリシャの国債を半分なかったことにした。つまり借金を半分にまけたのです。大打撃を受けながらもギリシャを救済したのです。

日本は借金大国だとよくいわれます。対GDPで比べれば、国債の発行額、つまり国の借金は、ギリシャより日本のほうが圧倒的にひどい状態です。国債の発行額だけで考えると、日本はギリシャよりも危機的な状況に見えるのです。

ところが日本の場合、日本国債の94%は、国内で買われています。どこが買っているのか。銀行や郵便局です。つまり、国民の預貯金で国債が買われている。誰も日本が破産するなんて思っていないから、国債を持ち続けます。

外国の保有率は6%にすぎないから、万一、日本は信用できないと国債を売りに出されても大丈夫、というわけです。

ただし長期的に見れば、日本国債は中国などの保有率が上がってくるといわれています。日本の財務省も、日本国内だけではさばききれないから、世界中に日本の国債を売り込んでいます。もし国内の保有率が70%くらいになった時に、まだ赤字国債を大量に発行し続けていたら……。日本は信用できないと考える国が日本国債を売り始める可能性は否定できません。

共通通貨「ユーロ」という選択をしたＥＵ。そこからは、巨大な経済圏を形成し、世界の中で存在感を示すという明るい一面と、金融政策によってはＥＵ内の経済格差がさらに広がり混迷するという暗い一面が見えてきました。

第4章
「ヒトラーと戦後」から見るドイツ

民主主義がヒトラーを生んだ

ここからは時計の針を少し戻して、2度の世界大戦を起こした当時のドイツの様子に目を向けてみましょう。現在のヨーロッパ、そして世界の歴史を語るうえで最も悲惨で、最も重要な時代です。

19世紀後半から20世紀初めにかけてのヨーロッパは、世界中に植民地をつくり、自国の領土を拡大していこうという政策をとっていました。

Qこういう政策をなんと呼びますか？

——**帝国主義です。**

そうですね。ヨーロッパの列強各国はアジアやアフリカなどへ、勢力を拡大していきます。当然、植民地政策をめぐって衝突も起こります。

皇帝ヴィルヘルム2世率いるドイツは、オーストリア、イタリアと三国同盟を結んでいて、三国協商を結んでいたイギリス、フランス、ロシアの連合国と対立していました。

そのような状況下で、１９１４年6月28日、オーストリア帝国の皇太子がボスニア・ヘルツェゴビナの州都サラエボで、暗殺されます。犯人はセルビア人の青年でした。

オーストリアは、同盟国であるドイツの支持を受けてセルビアに宣戦布告します。

セルビアを応援したのは、同盟を結んでいたロシアです。フランス、イギリスもドイツに対して宣戦布告します。これが第一次世界大戦の始まりです。

その戦禍はヨーロッパ全土を巻き込みます。ところが大戦の真っ只中で、レーニンたちによるロシア革命が起こり帝政ロシアが崩壊するという事件が起こりました。ロシアは、ドイツに対し休戦を申し入れます。

ドイツにとって有利な展開になったかと思いきや、連合国側にアメリカが参戦。ドイツは次第に劣勢となります。ドイツ軍に敗戦濃厚の気配が漂い始めると、皇帝ヴィルヘルム2世はオランダに亡命。ドイツ帝国は崩壊しました。

１９１８年11月11日、ドイツは連合軍との休戦協定に署名。事実上の敗戦を受け入れ、共和国として再出発することになります。

Q 共和国とは、どういう体制の国のことをいうのでしょう？

――？？

共和国というのは君主（王様）のいない国のことです。皇帝がいなくなり、最大の政治

地図⑦―**ドイツ帝国**（1871～1918年）

25か国からなる連邦国家。面積、人口とも最大のプロイセン王国が主導権を掌握し、国王は帝国皇帝を兼務していました。

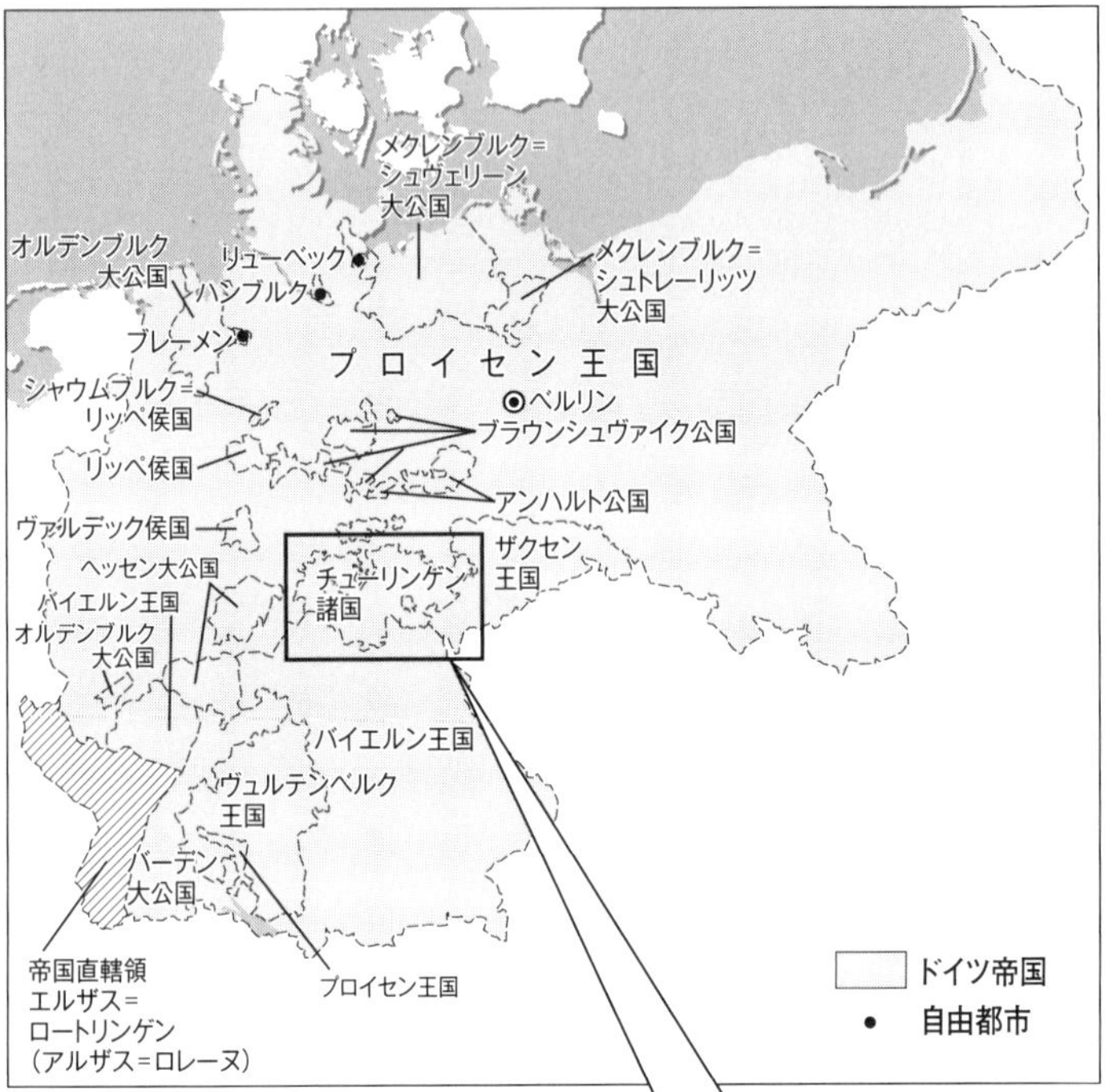

1919年2月6日、共和国政府の最初の議会は、ヴァイマルで開かれました。

組織だった社会民主党によるヴァイマル（ワイマール）共和国政府が誕生します。そして当時、世界で最も民主的な憲法といわれる「ヴァイマル憲法」が制定されました。

「ヴァイマル憲法」がどれだけ画期的だったかというと、現在の民主憲法では当たり前になっている「国民主権」が明記されていることです。さらに満20歳以上の男女による普通選挙が行われ、大統領も国民の直接投票によって選ばれることになりました。

さらに国民の発議による直接立法、法の前での平等など、帝政時代には考えられないような幅広い社会的権利が国民に与えられました。私たちの「日本国憲法」にかぎらず、多くの国の憲法がドイツの「ヴァイマル憲法」の影響を受けているといわれています。

ちなみに、ヴァイマル共和国の名前は、最初の議会が混乱するベルリンではなく、ヴァイマルという小さな都市で開かれたことに由来します（地図⑦）。

しかし、国内では政治的な混乱が続き、その中からナチ党が台頭します。

そして世界がお手本とするほど民主的な「ヴァイマル憲法」下のドイツで、国民による民主的な選挙によって、つまりドイツ国民の支持を得て、ヒトラーのナチ党が政権を握ることになるのです。

ナチス・ドイツは独裁の道を進み、ヨーロッパ中を侵略し、第二次世界大戦を引き起こします。

民主的な憲法のもとでヒトラーという怪物を生んでしまった国。それこそが現在に続くドイツのトラウマなのです。

――なぜ、ヒトラーのような恐ろしい考え方をする人を、ドイツの国民は支持したのでしょうか？

いい質問ですね。その答えをお話しする前に、ヒトラーとはどんな人物だったのか、簡単に紹介しましょう。

1889年、ヒトラーはオーストリアのブラウナウという街で生まれました。ドイツとの国境近くにある街です。

――えっ！　ヒトラーは、ドイツ人じゃなかったんですか！

国籍はオーストリアでした。

ブラウナウから首都ウィーンに移住したヒ

写真④―演説するヒトラー（1925年頃）｜写真提供：Getty Images

トラーは、画家を目指します。しかし、ヒトラーの絵はまったく売れません。活動の場をドイツのミュンヘンに移しますが、結局画家としては成功することはできませんでした。

画家として生きる夢を諦めたヒトラーは、志願兵として第一次世界大戦に参加します。負傷して運ばれた野戦病院でドイツの敗戦を体験するのですが、その時にヒトラーは政治家への道を志したのだといわれています。

ミュンヘンはドイツ南部の街。ビールで有名な街です。ビアホールは、人々の憩いの場です。ヒトラーは、毎週のようにビアホールで情熱あふれる演説を行い、次々に人々の心をつかんでいったのです（写真④）。

ドイツ軍の諜報《ちょうほう》部員となったヒトラーは、極右政党であるドイツ労働者党に入党します。そして、演説の能力が非常に高かったこともあり、ドイツ労働者党の中で頭角を現し始めます。

当時はまだ、テレビがありませんでした。演説はラジオで流されます。もしテレビがあったら、ヒトラーは政権を取ることができなかったのではないかという見方をする人もいます。ヒトラーの写真を見ると、いかにも堂々として見えますが、実は背が低くて、ちょび髭《ひげ》の貧相な男でした。世間に配布する写真は、自分が堂々として魅力的に見えるものを選んでいたのです。

テレビ的には、魅力がない人物です。しかし、人の心をつかむ見事な演説をする。まさにラジオによって、ヒトラー人気がつくられたのです。

ドイツ労働者党は1920年に国家社会主義ドイツ労働者党（Nationalsozialistische Deutsch Arbeiterpartei　ナツィオナルゾツィアリスティッシェ　ドイチェ　アルバイターパルタイ）と改称。通称、ナチ党で、党員もナチと呼ばれます（ナチスはその複数形）。ヒトラーはナチ党の指導者として実力を発揮するようになります。

ナチス・ドイツというのは、ヒトラー率いるナチ党に支配されたドイツという意味なんですね。

ナチ党は、1923年にミュンヘンでクーデターを起こしますが、失敗。ヒトラーは逮捕され投獄されます。獄中で口述筆記したといわれているのが『我が闘争』です。

この本の中には、その後のナチス・ドイツを形づくる反ユダヤ主義や軍国主義的思想が綴《つづ》られています。

そして1929年から始まった世界大恐慌が、ヒトラーの味方をしました。

Q なぜ不況が独裁者に味方したのでしょう？

――戦争に負けて苦しい生活をしているうえに、世界大恐慌が起こったら、もう、どん底だと

思います。そんな政権は信用できない、新しい指導者がほしいと思ったのではないでしょうか。

まさに、そのとおりです。国民は強い指導者を求めたのですね。

敗戦によってすべての植民地を失い、さらに多額の賠償金の支払いを命じられたヴァイマル共和国（ドイツ）ですが、苦境の中から少しずつ立ち直りかけていました。そこに世界恐慌が襲ってきたのです。ドイツ経済は破綻寸前、失業者があふれます。ヴァイマル共和国政府の人気は凋落《ちょうらく》していきます。

民衆の代表として国家を再生させるんだ、という使命感にあふれたヒトラーの演説は、どん底のドイツ国民の心を鼓舞しました。

当時、ヴァイマル共和国政府は政治的混乱が続いていましたが、ヒトラーには、それに関連する悪い印象がなかったことも有利に働きました。

ナチ党はドイツ各地で、その地域の状況に応じたメッセージを投げかけながら巧みな宣伝活動を行っていきます。草の根的な地道な活動を続けていくことで、国民の気持ちの中に、ドイツの将来はナチ党が握っている、というイメージを植えつけることに成功したのです。

ヒトラーとナチ党の人気は次第に高まり、１９３２年には国会議員に当選。ナチ党も選挙民の3分の1以上の支持を得て、国会における最大の政党となります。

翌1933年ヒトラーは首相に就任。そして、憲法に拘束されない無制限の力を政府に与えるという法律を可決させるために、国会が放火された事件を、共産党員の仕業だと決めつけ、共産党議員をはじめとするライバルの議員を逮捕させます。

さまざまな謀略をめぐらせたことは間違いありませんが、国民による選挙で選ばれたヒトラーとナチ党が民主主義にのっとって憲法を無効化し、独裁化の道を切り拓くという凄まじいことをやってのけたのです。

『アンネの日記』からユダヤ人への同情高まる

第一次世界大戦敗北後、ドイツの軍備は制限され、事実上、無力化されていました。独裁政権を樹立したヒトラーは、ドイツの再軍備を目指します。そのためには経済の復興は最重要課題でした。

第一次世界大戦の賠償金と世界恐慌で、ドイツ経済は最悪の状態です。ヒトラーは、銀行を政府の支配下に置き、国家による完全な経済統制を始めます。

自由な経済ではなく、国家によって管理された経済です。重工業と建築、そして公共事業への投資を拡大します。

大規模事業は雇用を生み、失業者を減らします。そしてドイツの経済は少しずつ回復していきます。この時に造られたもののひとつが、有名な無料の高速道路アウトバーンです（p124地図⑧、写真⑥）。

1935年、ヒトラーはドイツの再軍備を宣言します。そして第1章で触れたように、ナチス・ドイツのポーランド侵攻を引き金に、ヨーロッパは第二次世界大戦へと突入していきます。

Q ヒトラーとナチス・ドイツが行った、史上最も残虐な事件を知っていますか？

——第二次世界大戦中に行われた、ユダヤ人の大

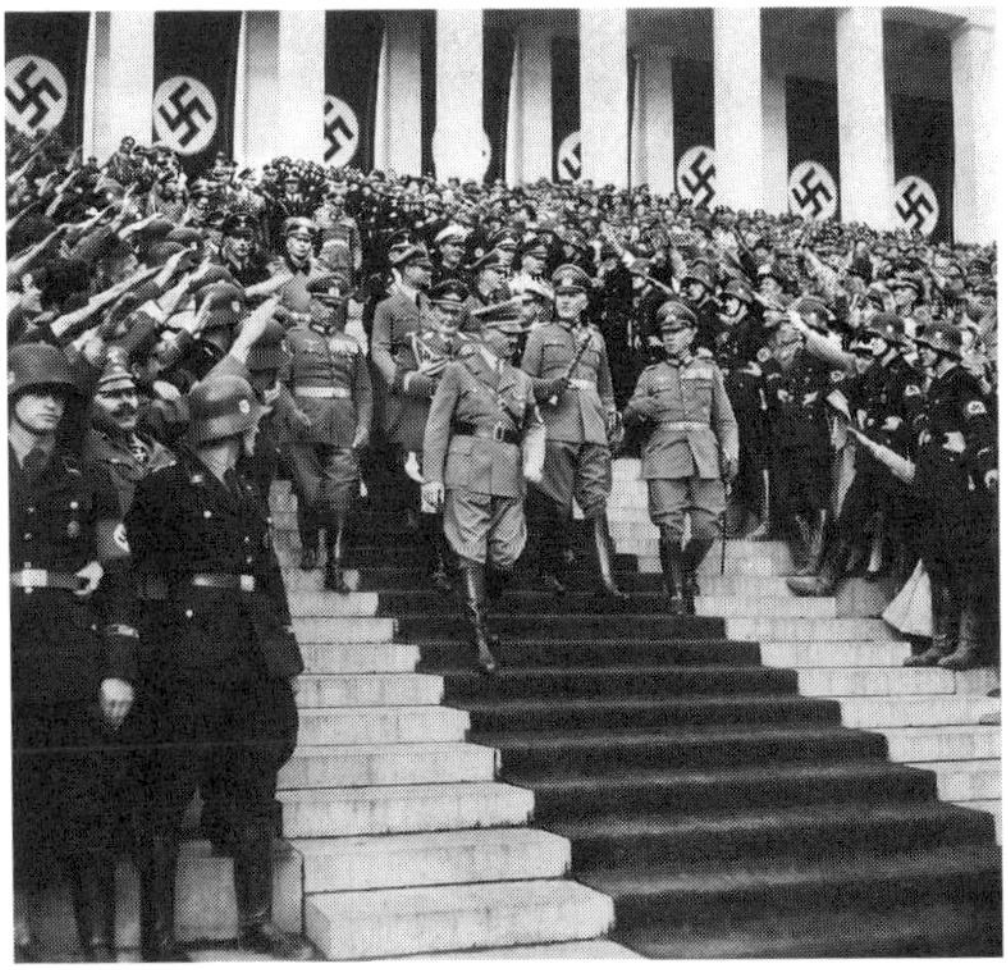

写真⑤—ヒトラー率いるナチス・ドイツ｜写真提供：Getty Images

地図⑧—**ヒトラーの「帝国アウトバーン計画」**

1950年までに建設が予定されていた計画図。ナチス・ドイツの占領下にあった、ポーランド、チェコ、オーストリアをはじめ、オランダ、ベルギー、フランスまでに及ぶ、総延長1万4000キロメートルの道路網。

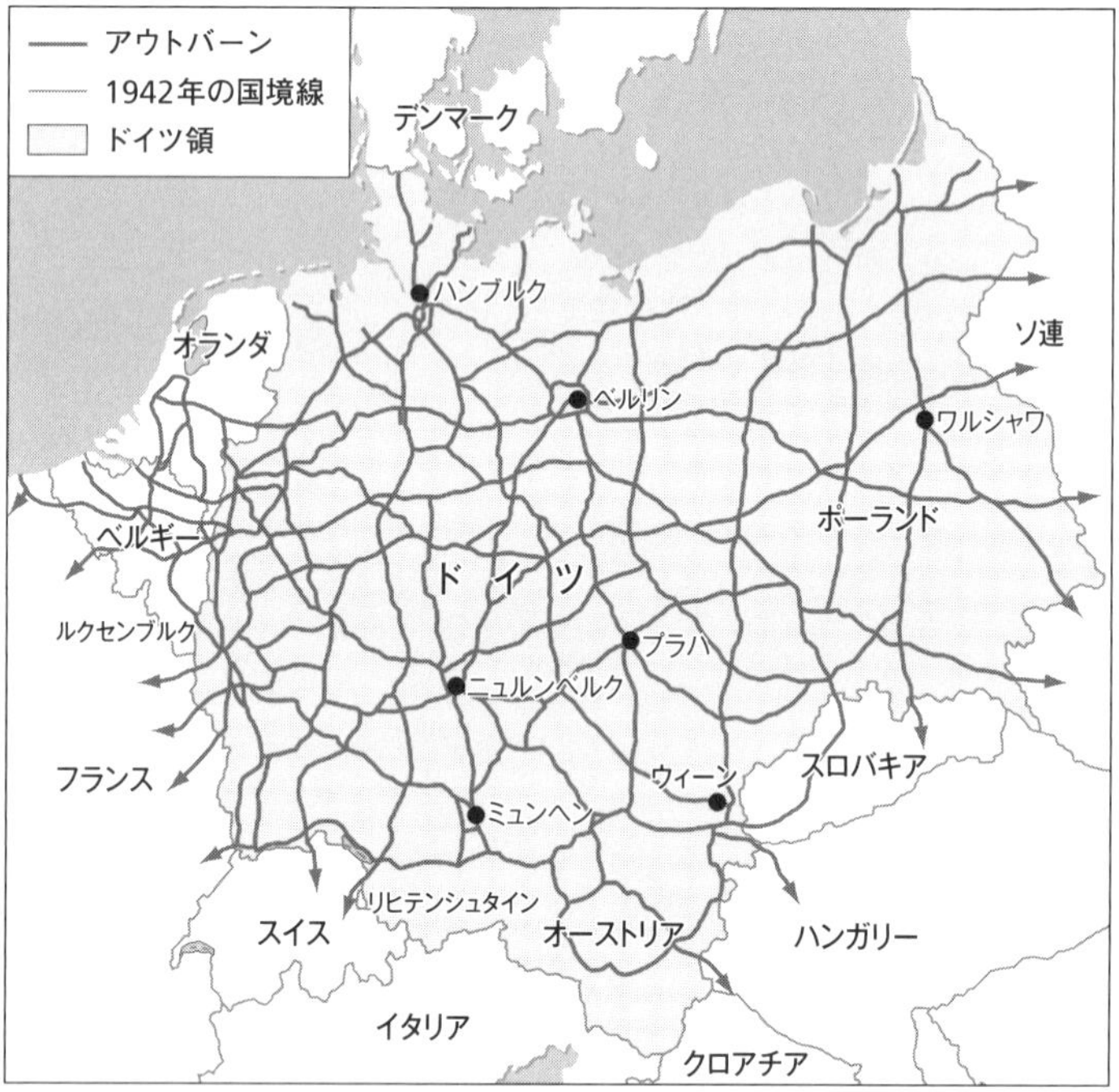

●アウトバーンの歴史

1933年	ヒトラーが「帝国アウトバーン計画」に着手。この計画で13万人の雇用を生む
1942年	3860キロメートルが完成し、工事は中断。第二次世界大戦中は、滑走路として使用。トンネルには戦闘機を格納した。戦後は東西ドイツそれぞれで拡張工事が進められる
1973年	西ドイツで5258キロメートル、東ドイツで1390キロメートルに到達
1990年	東西ドイツ統一時点で総延長は8800キロメートル(2016年現在、総延長は約13000キロメートル)

写真⑥—建設中のアウトバーン(1935年)

|写真提供:Getty Images

量虐殺です。

ホロコーストとも呼ばれる事件です。最初の標的は障害者でした。障害者は、生きていくのが大変だろう。これ以上苦しまないようにしてあげることが、彼らのためだ。そんな、とてつもない考え方から、障害者を施設に集めて抹殺します。

その標的は、少数民族へと広がり、さらにユダヤ人の大量虐殺へとエスカレートしていきます。

ヒトラー率いるナチスはドイツ国内だけではなく、ポーランド、フランスなどヨーロッパ各国を侵略、占領して、ユダヤ人狩りをしていきました。

第二次世界大戦が終わるまでに、６００万人のユダヤ人が殺されたといわれています。

Ｑ ホロコーストを今に伝える最も有名な場所は？

――アウシュビッツ収容所です。

そうですね。ユダヤ人たちが強制的に収容される施設が各所につくられましたが、アウシュビッツは最大級（１５０万人）の犠牲者を出しました。正確な名前は、アウシュビッツ＝ビルケナウ強制収容所（p127写真⑦）といいます。

Qでは、アウシュビッツはどこの国にあるでしょう。

――ポーランドです。

ドイツという答えが出るかと予想していたのですが、よく知っていましたね。ナチスによるユダヤ人の大量虐殺は、ドイツ国内で激しく行われたイメージがあるかもしれませんが、実は占領した他国で行われた数のほうが圧倒的に多いのです。

ナチスによるユダヤ人狩りの実態を、世界に知らしめた一冊の本があります。それがアンネ・フランクの『アンネの日記』です。

アンネ・フランクはユダヤ人の少女です。ドイツに暮らしていましたが、ナチス・ドイツの勢力が急速に拡大することに恐怖を感じた家族とともにオランダに逃げます。アムステルダムに移り住み、ジャムの材料をつくる工場の屋根裏部屋に隠れて暮らしていました。アンネ・フランクの一家はナチスに見つかり、強制収容所に入れられます。アンネ・フランクは強制収容所の中で腸チフスにかかって死んでしまいます。

父親だけが、奇跡的に生き延びることができました。戦後、隠れ家に戻ると、大家さんがアンネが書いていた日記を渡してくれたのです。

『アンネの日記』が出版されると、世界的なベストセラーになり、アンネ・フランクの境遇に世界の同情が集まりました。ユダヤ人というだけで、こんなひどい目にあった。ナチス・ドイツはあまりに残虐すぎる。ユダヤ人に対する同情が、一冊の本から世界的に広がっていきました。

ユダヤ人たちは、我々は自分たちの国を持っていない。だから迫害されるのだと思うようになります。そして自分たちの国をつくりたい、という気運が高まり、いわゆる「シオニズム運動」が再燃します。

再燃と書いたのは、ナチス・ドイツによる迫害のはるか昔から、ユダヤ人は迫害され続けてきた歴史があるからです。

シオニズムとは、「シオンの丘に戻ろう」という意味。シオンの丘は、現在のエルサレムのあたりです。

写真⑦—アウシュビッツ収容所｜写真提供:時事通信社

昔ユダヤ人が住んでいた場所を奪われた。それを取り戻そうという運動です。１８９０年頃から「シオニズム運動」と呼ばれるようになりました。

大量虐殺によって、再燃したシオニズム運動は、その後１９４８年のイスラエル建国へとつながります。

しかしイスラエルの建国は、ユダヤ教、キリスト教、イスラム教の三つの宗教、さらにはユダヤ人とパレスチナ人の民族抗争に発展し、今なお解決への道筋を見つけることができません。

キリスト教徒がユダヤ人を嫌った理由

――ヒトラーは、なぜユダヤ人を標的にしたのですか？　ユダヤ人というだけで虐殺される。あまりに理不尽だと思います。

当然、そういう疑問を持ちますよね。これは、聖書の記述に由来するんです。旧約ではなくキリスト教の新約聖書です。

新約聖書は主に四つの福音書から成り立っているのですが、その福音書のひとつの中に、イエスが十字架にかけられる時の様子が描写されています。

イエスが暮らしていたのは、当時のパレスチナ地方。現在のシリア南部からイスラエルのあたりです。イエスの時代、パレスチナ地方はローマ帝国の支配下にありました。イエスはユダヤ教徒として生まれ育ちますが、ユダヤ教の改革運動を行います。このため、ユダヤ教の偉い連中からにらまれるようになりました。イエスは謀反《むほん》を企てているという罪を着せられ、捕らえられます。

そしてローマ帝国から赴任していた総督に引き渡され、処刑されます。なぜイエスは十字架にかけられたのか。当時ローマ帝国の死刑執行が、十字架にはりつけにして、やりで突き殺すという方法だったからなのです。

ヨーロッパの美術館や教会をめぐると、聖書のさまざまな場面を描いた宗教画を見ることができます。その中に、「キリストの磔刑《たっけい》」と題された絵があります。

そこには、3人の男が十字架にかけられている。真ん中にイエス。両脇にふたり罪人がいるのですね。

当時のこの地方の総督はピラトという人で、実はイエスのことを尊敬していたのです。ほかのふたりの罪人とは違い、イエスだけは十字架にかけたくなかった。そこで集まった群衆に、本当にイエスを十字架にかけて殺してもいいのかと聞きます。

群衆は、ユダヤ人です。ユダヤ人たちは、みんなイエスを十字架にかけろと言います。

そしてイエスを殺した血の報いが、我が子孫たちに及んでもかまわないと言ったと、その福音書には書いてあるのですね。

イエスはユダヤ教徒として生まれ、ユダヤ教徒として死んでいきました。イエスの生前、キリスト教はまだ成立していなかったのです。

ユダヤ教徒の中には救世主信仰があります。やがてこの世の終わりが来る時に、必ず救世主が現れて、人々を導いてくれるという考え方です。

イエスは死後、復活したと伝えられています。ユダヤ教徒の中に、イエスこそが救世主（キリスト）ではなかったのかと考える人たちが出てきました。この人たちが、キリスト教徒と呼ばれるようになります。

新約聖書の中に、ユダヤ人たちがイエスを処刑したとある。これが、キリスト教徒たちがユダヤ人を嫌う原因となっているのです。

さらにイエスの死後、地中海沿岸でローマ帝国とその支配下にあった属州に住んでいたユダヤ人との間で戦争が起こり、ユダヤ人がヨーロッパ各地へ逃げていきます。

ローマ帝国は、キリスト教を国教として定めます。ローマ帝国がキリスト教徒になるということは、支配下にあるヨーロッパ全土がキリスト教社会になるということです。

ユダヤ人たちは、そのキリスト教社会の中でも、自らの信仰を守り続けます。ユダヤ教では、金曜日の日没から土曜日の日没までが安息日です。仕事を休み、シナゴーグと呼ばれる集会所に集まって、聖書を読みながら神様のことを考えます。

その様子を見たキリスト教徒は、ユダヤ人たちは毎週、密かに集まって陰謀を企てているのではないかと疑うようになります。

そういったことから、ユダヤ人はキリスト教社会においてさらに差別されるようになり、中世になると土地を所有することが禁止されました。土地が所有できないということは、子どもたちにその土地を相続することもできません。

Q ユダヤ人は、自分たちの財産を子どもたちに譲るために、どうしたのでしょう？

――お金を残そうとした？

そうです。土地が持てないなら、お金を貯めるしかない。さらに、ユダヤ人は親が子どもに残すことができる、いちばんの財産は教育だと考えました。

子どもたちへの教育を徹底的に行います。すると成績のいい子は、ほかの子からやっかみを受け、憎まれるようになります。現代でも同じようなことが起こっていますよね。

また中世のヨーロッパにおいては、金貸し業は最も忌むべき職業でした。職業的にも差別を受けたユダヤ人たちは、金貸し業にしか就くことができません。

ユダヤ人たちは一生懸命働き、金融業で成功し大金持ちになる人も出てきます。周りのキリスト教徒から見ると、差別してきたユダヤ人が急に金持ちになった、ますます腹立たしい。こう感じるようになる。

キリスト教徒の中に根強くあるユダヤ人に対する偏見意識がますます強くなり、ユダヤ人こそが世の中を悪くしているんだと考える人も出てきます。

ヨーロッパのキリスト教徒がユダヤ人に対してどんな意識を持っていたか。それを如実に表している作品があります。16世紀末に書かれたシェイクスピアの『ヴェニスの商人』です。

そこにはシャイロックという、血も涙もない守銭奴の商人が出てきます。シャイロックこそ当時のキリスト教徒から見た典型的なユダヤ人像なのです。

迫害されたユダヤ人の生きる道

さあ、なぜユダヤ人は嫌われるのかという、その理由がわかりましたか？　ヨーロッパの人の間にはユダヤ人に対する否定的な感情が潜在的にあったわけです。そのユダヤ人への偏見を利用したのがヒトラーでした。第一次世界大戦の敗戦と世界恐慌のダブルパンチを受けて、どん底状態のドイツの人たちに、我々の経済がうまく動かないのは、ユダヤ人のせいだと扇動していったのです。

国民の不満をぶつける敵を、国内につくり出す作戦です。遠くにいる敵より、近くの敵のほうが憎悪感情が大きくなります。ドイツ人にとって、ユダヤ人がその標的となったのです。

悲惨な出来事の背景には、2000年近く続く怨念を利用した、ヒトラーによる印象操作があったのです。

ナチス・ドイツの迫害を逃れてアメリカに渡ったユダヤ人も多くいます。アメリカもキリスト教の国です。ユダヤ人に対する差別意識がありました。それは現在も残っていて、ユダヤ人の墓が荒らされるという事件も起きています。

アメリカの東海岸で差別されたユダヤ人たちは、新天地を求めて西へ、西へと逃げていきます。どこにいっても差別されて、普通の仕事に就くことができません。

カリフォルニアにまで逃れたユダヤ人たちが、これまでにない事業を立ち上げるんですね。それがハリウッドの映画産業です。

ハリウッドの映画監督や脚本家になぜユダヤ人が多いのか。その理由も、キリスト教徒によるユダヤ人の迫害に行き着くのですね。

もしかするとユダヤ人差別問題は、日本にはあまり関係ないと思っている人も多いかもしれません。実は日露戦争（１９０４～05）にはユダヤ人が深く関与しています。

ロシアも国民の多数がロシア正教というキリスト教徒です。伝統的にユダヤ人に対する差別や虐殺事件が起きていました。世界中に散らばるユダヤ人たちは、ロシアでの差別や虐殺にも心を痛めていました。

日本という極東の小さな国がロシアと戦争をしようとしている。もしロシアが、日本に負ければ、ロシアの体制も変わり、ユダヤ人差別が軽減されるかもしれない。そう考えたユダヤ人の金融業の人たちがいました。

戦争をするためには莫大な資金が必要です。日本政府はロシアと戦うための資金調達のため戦争国債を発行します。

相手は大国ロシアです。日本に勝ち目なんかないだろう。どこの国もそう考え、資金調達には苦戦するだろうと思われていました。

ところがユダヤ人の金融業の人たちが、日本の国債を世界中に売りさばいてくれたのです。

Q みなさんは、杉原千畝《すぎはらちうね》という人を知っていますか？

——第二次世界大戦中、自分の身の危険を顧みず、大勢のユダヤ人を救った人です。

そうですね。杉原千畝は、第二次世界大戦中リトアニアの日本の領事館に赴任していました。ナチス・ドイツの迫害によってヨーロッパ各地から逃れてきたユダヤ人に対し、外務本省に無断で日本のビザを発給します。ユダヤ人たちが、日本に渡り、そこからまたアメリカへと逃げられるようなビザを書き続けたのです。

杉原千畝の勇気ある行動によって、大勢のユダヤ人たちの命が助かりました。杉原千畝によって助けられ、日本から、アメリカへ、そしてイスラエルに渡ったユダヤ人の子孫がたくさんいます。

彼らは、「私が存在するのは、日本人の杉原千畝という人が先祖を助けてくれたからだ」という思いを持っています。

そういう歴史もあって、イスラエルは親日なのです。世界各地での人々の活動が、ずっとつながって歴史が生まれているのがよくわかります。

東西ドイツは、冷戦の縮図

ナチス・ドイツによって引き起こされた第二次世界大戦後のドイツはどうなったか。その様子を見ていきましょう。

敗戦を悟ったヒトラーは自殺し、ドイツは全面降伏します。しかし、強制収容所はそのまま残っています。そこにアメリカ軍やソ連軍が入って来て、かろうじて生きている人たちを救出しました。

しかし大勢の人は息絶えて、死体の山が築かれていました。当時の写真がたくさん残っています。逃れようのない証拠です。

ヒトラーとナチスは、ドイツ国民が生んだ。ドイツ国民にも責任がある。第二次世界大戦後のドイツはそういう大罪を背負って、再出発をすることになりました。

歴史に「イフ（if）」はありませんが、もし、ヒトラーが軍事的なクーデターを起こして、暴力で政権を握っていたら、ドイツの悩みはこれほどまでに大きくはなかったでしょう。第二次世界大戦もユダヤ人の大虐殺も、ドイツの国民に責任はない。暴力的な独裁者ヒトラーが悪かったのだ、で片付けることができます。さらにいえば、ヒトラーが売れっ子の画家になっていたら、きっとナチス・ドイツは生まれなかったでしょう。第二次世界大戦も起こらなかったかもしれません。

もしこの時、違う出来事が起こっていたら、その後の世界はどう変わっていただろう、と想像するのも歴史を勉強する面白さのひとつだと思います。

では他国は、ドイツをどういう目で見ていたのでしょう。第一次世界大戦も第二次世界大戦も、もともとドイツが仕掛けた戦争です。未曽有《みぞう》の戦争でヨーロッパを混乱の渦に巻き込んだ責任はドイツにある。ヨーロッパ各国からは、ドイツに対して冷たい視線が向けられます。

自国に対する不信感をどう払拭《ふっしょく》するのか。他の国々にどう謝罪し、和解を求めていくのかが戦後のドイツの大きな課題になりました。

１９４５年、絶対的指導者ヒトラーの自殺によってナチス・ドイツの統治機構は崩壊。ドイツはエルベ川を境に、東側はソ連が占領、西側はアメリカ、イギリス、フランスの３か国が分割占領しました。

つまり、東西に分断され、さらに社会主義と資本主義という、対立するふたつの制度のもとで再建されることになったのです。

分断されたドイツに対し、どの国も同情することはありませんでした。ヨーロッパ各国に戦争を仕掛け、世界中を巻き込んだ世界戦争を引き起こした。しかも600万人もの罪のないユダヤ人を虐殺した。その罰として、国が分断されたのだから自業自得だと思われたのです。

ソ連の支配下に置かれた東側の地域では、徹底的なソ連化が進められます。一方、アメリカ、イギリス、フランスの占領下の地域では、資本主義経済が維持されます。

アメリカ支配地域では、三つの州政府がつくられます。中央政府に強い権限を持たせたせいで、ナチス・ドイツが生まれ悲劇が起きた。中央政府が暴走できないように、各州に大きな権限を与える地方分権の体制を取ったのです。

現在のドイツでも、州が大変強い力を持っています（p147地図⑩）。たとえば、日本の場合、文部科学省が国全体の教育を統括しているでしょう。しかしドイツには、ドイツ全体を統括している教育の役所はありません。州ごとに教育省があって、教育方針は州単位で決めるのです。

その後1949年に、西側諸国が占領していた3地区を合わせて西ドイツ（ドイツ連邦共和国）として独立。一方、ソ連が占領していた東側も社会主義統一党の事実上の独裁下で東ドイツ（ドイツ民主共和国）として独立します。

ここに東西ドイツが完全に分断されました。国境線を挟んで、東西がにらみ合っている。戦後のドイツは、まさに東西冷戦の縮図となりました。

占領下のドイツでも、再びドイツが武力で侵略しないよう非軍事化が進められます。しかし西ドイツでは、独立直後に再軍備化の検討が始まります。徴兵制が敷かれ、若者たちは必ず軍隊に行かなければならなくなります。

再び軍隊を持ったら、とんでもないことが起こるかもしれない。西ドイツ国内からも反対の声が上がります。しかし、その声をかき消すような出来事が、極東の朝鮮半島で起こっていたのです。

アメリカとソ連による分割統治時代を経て、独立したばかりの韓国(大韓民国)に北朝鮮(朝鮮民主主義人民共和国)が攻め込み、朝鮮戦争(1950~53)が始まったのです。韓国にはアメリカ軍が駐留し、北朝鮮はソ連と中国が支援します。第三次世界大戦の危機が迫っていると感じたアメリカは、フランスなどの猛反対にあいながらも、西ドイツの再軍備化を構想します。その後、1955年のパリ協定でアメリカ、イギリス、フランスが西ドイツの再軍備を承認し、NATO加盟を条件に独自の軍事力を持つことになりました。

再び軍隊を持ったか、持たなかったか。そこが同じ敗戦国であっても、戦後のドイツと日本の大きな違いです。

ベルリンの壁は、どこにあった？

そして1961年に、ドイツ分断の象徴ともいえるベルリンの壁が築かれることになるのですが、さぁ、ここで質問です。

Qベルリンの壁は、どことどこを分断していたのでしょう？

――西ドイツと東ドイツじゃないんですか？

私の意地悪な質問に、引っかかりましたね（笑）。確かに大前提としては東西ドイツを分ける壁ではありますが、ちょっと違う。

――あっ、前の授業（第1章）**の時に見た地図**（p27地図②）**でベルリンが東ドイツにありました。**

よく見ていましたね。多くの人が東西ドイツの境にベルリンの壁があったと勘違いしているんですが、そうではないのです。

ドイツ全体は東西に分断されました。しかし首都ベルリンは東ドイツのエリアにあります。

協議の結果、首都ベルリンも分割占領することになり、ベルリンの東側はソ連、西側はアメリカ、イギリス、フランスの支配下に置かれることになりました。

つまり、米英仏が支配する西ベルリンは東ドイツの中に、陸の孤島のようになって存在していたのです。

ソ連の影響下にある東ドイツは社会主義の国へと姿を変えていきます。企業は国有化され、私有財産は国に取り上げられる。言論の自由もどんどんなくなっていきます。

西ベルリンは、民主主義国家として生まれ変わった西ドイツの飛び地となりました。地理的には東ドイツの中にありますが、西ドイツとの間にアウトバーンと鉄道がつながっていて、西ドイツ国民は行き来することができました。

ソ連化していく国に恐怖を感じた東ドイツの人々は、西ベルリンに逃げ込み始めます。西ベルリンからは、西ドイツに行くことができるからです。

このままでは東ドイツの国民がいなくなってしまうという危機感を持った東ドイツ政府は、西ベルリンの周りをぐるりと取り囲む壁を造ります。工事を開始したのは1961年8月13日のことでした。これがベルリンの壁です（p143地図⑨、写真⑧）。

歴史上、壁というのは外敵の侵入を防ぐために造られてきました。中国の万里の長城も北方民族などの脅威に備えるために建設されたものです。

しかしベルリンの壁は違います。東ドイツの国民が西側に逃げていかないように造った壁。全長155キロにも及ぶ、自国民を閉じ込めることを目的としたきわめて恥ずべき壁なのです。

現在も資本主義国家を西側諸国、社会主義国家を東側諸国と呼ぶでしょう。それはこの東西ドイツの分断に由来している、ということです。

ベルリンの壁は1枚じゃない

――ベルリンの壁を越えて西ベルリンに逃げようとした人たちはいなかったのですか?


教科書などで、ベルリンの壁が壊されている写真を見たことはあると思いますが、実際にどんな壁だったのか。もちろん現在は見ることができませんので、簡単に説明しておきましょう。

1枚の壁が東西ベルリンを隔てていた、というイメージを持っている人も多いと思います。でも、壁1枚だとよじ登って逃げることもできそうです。実は、ベルリンの壁の内側には100メートルの分離帯があり、鉄条網や金網が仕掛けられていて簡単には逃げられ

地図⑨—**ベルリンの壁全域**

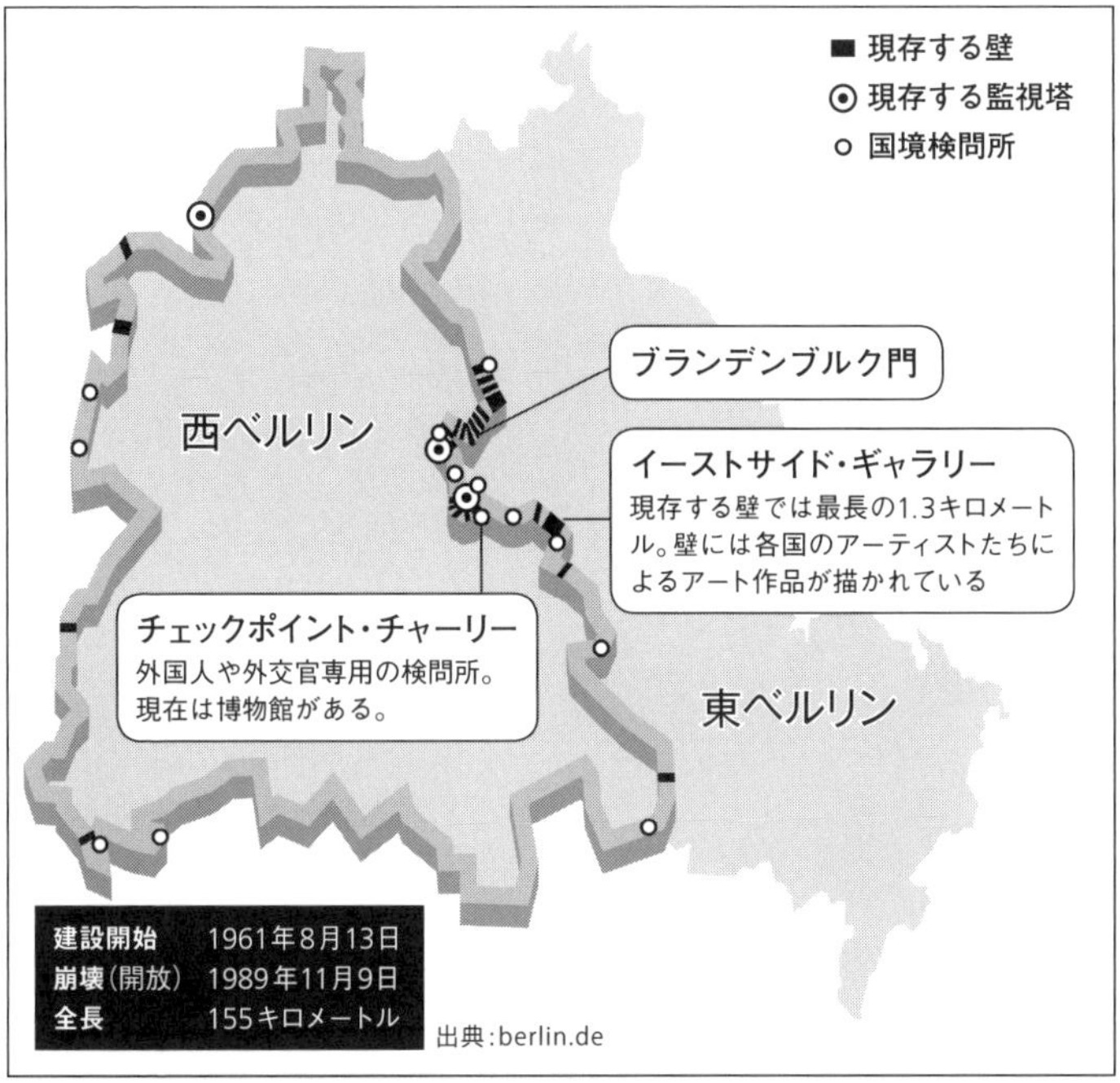

出典:berlin.de

写真⑧—1961年11月、ブランデンブルク門付近の壁建設の様子。壁の左側が東ベルリン

｜写真提供:dpa/時事通信フォト

ないようになっていたのです。

監視塔だけで302か所。監視兵は1万4000人。番犬は6000頭もいたといわれています。それだけ、東ドイツは必死になって、国民の逃亡を防ごうとしていたのです。それでも危険を冒して逃げようとする人はあとを絶たず、多くの人が殺されました。

将来、ベルリンを旅行することがあれば、ぜひ見てほしいものがあります。ベルリンの壁は崩壊しましたが一部だけ、記念で残っています。そして、東西ベルリンを隔てていた場所、つまりベルリンの壁があった場所には、コンクリートの破片を埋め込んだ線が延々と続いています。そのコンクリートは、ベルリンの壁を壊した時に出たものです。

この線をたどって歩いていくと、あちこちで小さな十字架が見られます。そこには人の名前が書かれています。ベルリンの壁を越えて逃げようとして、殺された人の名前です。ベルリンの壁が存在したことによって起こった悲劇を忘れないぞ、という追悼の気持ちが込められているのですね。

Q ベルリンの壁がなくなり、東西ドイツが統一されたあと、ベルリンの壁の跡地はどうなったと思いますか？

――先ほどのコンクリートの線や壁の一部と同じように、歴史の記念として残されているので

はないでしょうか。

反省すべき負の遺産として、残しておくことも大切でしょう。でも、延々と続く幅100メートルもの空白地帯です。都市の再開発には絶好の環境でした。ベルリンの中心部に行くと、ベルリンの壁があったという線の西側には古い建物がたくさん残っています。ところが、東側にはショッピングセンターやデパートなど新しい建物が林立しています。何もなかったから新しい建物を建てることができた、ということですね。

――ベルリンの壁は、なぜ崩壊したのですか？

そうですね。その理由をちゃんと知っておかないといけませんね。東西冷戦の象徴でもあったベルリンの壁が崩壊したのは1989年。ソ連崩壊の2年前でした。

実はソ連は、支配下にある東ヨーロッパ諸国に資金を援助したり、その国の生産物を買ったりして経済支援を行ってきました。しかしソ連にも無尽蔵に資金があるわけではありません。

経済的な苦境に立ったソ連はゴルバチョフ書記長のもとで改革を進めます。社会主義体制の大もとである、ソ連が揺らいでいるのを見た東ヨーロッパ諸国では、次々と民主化運動が起こっていきます。

1989年6月にポーランドが、10月にハンガリーが民主化宣言を行い、事実上ソ連の支配下からの離脱を表明します。そして11月9日にベルリンの壁が崩壊します。

ベルリンの壁崩壊の直接的なきっかけになったのは、東ドイツの支配政党である社会主義統一党の広報担当者の「言い間違い」でした。

東ヨーロッパの民主化の波は、東ドイツにも届きます。まず国民が他国へ自由に旅行できるようにしようという方針が出されます。

1989年11月9日、広報担当者は記者会見を開き、その方針を発表します。「いつから実施されるのか」という質問に対し「即刻だ」と答えてしまったのです。

これは言い間違いで、本来の方針は「翌日（11月10日）から出国するためのビザの申請を受けつける」というもの。大きな違いですよね。

それまで東ドイツでは社会主義圏への旅行だけは許されていました。しかしそれ以外の国へ自由に行くことはできませんでした。

西側諸国への海外旅行も自由化される。東ドイツの人々にとっては大ニュースです。東ドイツのテレビ局が報じましたが、市民の反応はありませんでした。

しかし西ドイツのテレビが報じた途端、ベルリンの壁に設けられた検問所に、次々と東ドイツ市民が集まり始めます。東ベルリンの市民は、自国のテレビではなく西ドイツのテレビを見ていたのですね。

地図⑩—**現在のドイツ**
ドイツは16の州で構成される連邦国家です。

検問所の警備兵は開門を拒否しますが、人々の勢いに押され、ついに検問所を開放しました。

西ベルリンに東ドイツの人々が流れ込んでいきました。ベルリンの壁に多くの若者がよじ登り、壁を壊し始めます。この風景は、世界中に放送されました。

ベルリンの壁崩壊を機に、東西ドイツは、統一へと一気に向かいます。

国民投票の危うさ

日本の憲法にあたるものを、ドイツでは基本法と呼びます。もともとは西ドイツ時代に制定されたものです。

Qなぜ憲法と呼ばないのでしょう?

――占領されていたから国として認められなかった。

日本だってGHQの占領下で、憲法を制定したでしょう。西ドイツも同じ状態です。では、なぜ憲法と呼ばなかったのか。

西ドイツには、いずれ東ドイツと一緒になって再び統一ドイツをつくった時に、これを憲法にしたいという気持ちがあったのです。実質的には憲法なのですが、仮の名称として基本法と呼びました。

しかし、ベルリンの壁が崩壊して、東西ドイツが統合したあとも、新たな憲法を制定することなく、ドイツ基本法という名称のまま効力を持っています。

さらにドイツは、二度とヒトラーのような独裁者を出さないためにはどうしたらいいか、反省し、考えました。日本の場合、憲法を改正するためには、衆議院と参議院のそれぞれ3分の2以上の賛成で憲法改正案を発議し、国民投票にかけます。国民投票で有効投票の過半数の賛成を得ると、憲法が改正されるという仕組みになっています。

Q ドイツでは、憲法改正つまり基本法を変える時に、国民投票の制度を導入していません。それはなぜでしょう？　ヒントは、ナチス・ドイツを生んだことに対する反省です。

――**いちばん大切な憲法を変える時に、人気投票になってしまう恐れがあるから……。**

大筋は正解ですね。選挙には人気投票の一面もあります。日本でも政策や政治的実力とは関係なく、知名度の高い人が当選しやすいでしょう。

ドイツでナチスが誕生した時に、国民はヒトラーの演説に熱狂しました。熱狂の渦の中でヒトラーが政権を取り、戦争に突き進んでいってしまったのです。

人間は何かあると熱狂し、思わぬところでとんでもない暴走をするものだ。国民投票は実は危険性をはらんだものなんだという過去の反省から、ドイツでは基本法の改正は国民から選ばれた国会議員が冷静に判断するものであって、国民投票はしないというやり方を取っています。

第6章でも触れますが、イギリスのEUからの離脱を見れば、ドイツが危惧していたことが事実だったことがわかります。イギリスはEUから離脱するかしないかの判断を国民投票に委ねました。

事前の世論調査では、離脱反対派が多かったのです。これだけ反対派が多いなら、自分は投票に行かなくても大丈夫だろうと考えた人が多かった。また本当はEU離脱には反対だが、EUに加盟していることで、いろんな不利益を被っている。この際、不満を持っていることを示すべきだ。EU離脱に賛成の票を入れよう。そういう人がかなりいたといわれています。

いざ、蓋《ふた》を開けてみたら、離脱51・9％、残留48・1％で、EU離脱賛成派が過半数を取りました。まさかと思っていたことが起きてしまったのです。

「何かあったら国民投票で決めればいい。それが民意を示すことになる」と言う人がいます。もちろんそのとおりなのですが、一時の興奮や熱狂で思わぬ結果を招くこともある。民主主義というのは、そういう危うさを持っているのだ、ということを知っておいてください。

第5章
「EUのリーダー」から見るドイツ

手を挙げないメルケル首相

ここまで、ヒトラーとナチス・ドイツによって踏みにじられたヨーロッパの歴史を見てきました。ドイツにとってナチスの存在自体がトラウマになっていることが理解できたと思います。

ナチス・ドイツが虐殺したのはユダヤ人だけではありません。さまざまな少数民族を虐待しました。特にロマ族、昔は「ジプシー」と呼ばれていた定住しない民族です。

定住しない民族は、国家のいうことを聞かない連中だと決めつけ、片っ端から強制収容所に入れて、殺してしまいました。

その反省から戦後のドイツは、少数民族を大切にしよう、意見の違いを大切にしようという教育を徹底的に行います。一方、ナチスやヒトラーを想起させるものは、すべて禁止しました。

たとえば日本では、学校で質問したり答えたりする時には、手のひらを相手に向けるようにして手を挙げるでしょう。ドイツでは、指を1本立てるだけです。タクシーを止めるときにも手は挙げずに真横に出します。

Q なぜドイツでは日本のように手を挙げないのでしょう？

――ナチスの敬礼に似て見えるから、でしょうか……。

正解です。「ハイル・ヒトラー（ヒトラー万歳）」と言って敬礼する姿（p123写真⑤）にそっくりだからです。ドイツでナチス式の敬礼を意図的に行うと、逮捕されることもあります。

現在のドイツは民主主義国家です。もちろん言論の自由があります。ただし、ヒトラーを賛美するような発言や行動は、民主主義に反する行為だとされ罪に問われることがあるのです。

サミットが行われると、各国の首脳が集ま

写真⑨―伊勢志摩サミットでの各国首脳｜写真提供：共同通信社
メルケル首相（左から3人め）は手を挙げていません。

るでしょう。日本でも2016年に伊勢志摩サミットが行われました。

記念撮影の際に各国の首脳はカメラに向かって手を振ります。ところが、ドイツのメルケル首相だけは、絶対手を挙げません（p155写真⑨）。

うっかり手を挙げ、ナチス式敬礼のような手の位置になった瞬間を撮影され悪用されれば、政治的生命はおしまいです。

もし次のサミットで、記念撮影のシーンを見ることがあったら、ドイツの首相の動作に注目してください。

ドイツでは、高校の授業で、なぜドイツがあのような残虐なことをしたのか、約1か月かけてその検証を徹底的に行います。授業の一環として、強制収容所の見学に行きます。

写真⑩―ドイツの街で見られる「つまずきの石」｜写真提供：共同通信社

そこで、自分たちの親の世代、あるいは祖父母の時代に何をやったのか。歴史の事実を目のあたりにしながら教わるのです。

またドイツでは、街のあちこちで「つまずきの石」(写真⑩)というのを見ることがあります。ドイツの歩道は石畳のところが多いのですが、石の間に金属のプレートが埋め込まれていて、うっかり歩いていると、つまずいてしまいます。

Qこれはなんだと思いますか?

——ナチス・ドイツと関係があることですよね。でも、わかりません。

その金属のプレートには、文字が彫られています。それは、かつてその場所に住んでいたユダヤ人の名前です。

——強制収容所に入れられて殺されたユダヤ人の名前ですか。

そのとおりです。ここに住んでいた人を、私たちの親や祖父母の世代は殺してしまった。その事実を否が応でも常に考えざるを得ないような状態にしているのです。

この「つまずきの石」は、ひとりのドイツ人アーティストによって始められた活動でした。初めは、公道に勝手に埋め込むのは違法として取り締まりを受けていましたが、のちに合法とされました。それだけ、この活動には意味があり重要なのだということを国が認めたわけですね。この活動はドイツのみならず、ヨーロッパの各地に広まり、現在も続けられています。

反省と復活への道のり

もともとEUは、ドイツが再び力をつけて戦争を仕掛けてくることを牽制するためにつくられたという側面もあります。ヨーロッパ中の国々が、ドイツを見張っているのですね。

その中で、ドイツはどうやって復活を遂げ、現在のようにリーダーとしてEUを牽引するようになったのでしょう。

敗戦後、周辺国だけではなく、世界中がドイツに対して厳しい目を向けました。ドイツは、ナチス・ドイツによる過去の行いを認め、忌まわしい過去と決別することで、世界各国の信頼を取り戻す努力を続けていきます。

また、ドイツは政府による謝罪だけではなく、具体的な行動で新しいドイツの姿を世界に見せていきます。

ユダヤ人などナチスによって迫害された人々に対し、多額の補償金を支払います。たとえばユダヤ人社会に対して、西ドイツ時代を含め10兆円以上の補償金を支払ってきました。

今後もその補償は続きます。さらに、戦時中ナチスに協力した企業も同じように補償を行っています。

また、ドイツでは戦争犯罪者や強制収容所における殺人行為に手を貸したものに対しては、現在も追及が続けられています。時効がないんですね。

ほかにも、歴史教育において、戦争でドイツが犯した罪を徹底的に教え込む。過去にナチスが関わった情報の公開など、自らの過去を反省し、決別する努力を続けているのです。

ドイツは国民を挙げて戦争責任について考えるという誠実な態度を貫きます。周辺の国々も、次第にドイツを認めるようになってきました。自らが引き起こした戦争への反省から、失墜した信頼を回復するための努力をずっと続けてきた。それがドイツなのです。

イスラエルの議会で拍手されたメルケル

２００８年3月18日、ドイツのメルケル首相は、建国60周年を迎えたイスラエルに敬意を払うため、エルサレムのイスラエル議会に出席していました。

Q先ほど少しだけ触れましたが、イスラエルとはどういう国でしょう？

――**昔住んでいた土地を追われたユダヤ人が、そこに戻ってつくった国です。**

そうですね。現在のパレスチナ地方にはかつてはユダヤ人の王国がありました。ローマ帝国に滅ぼされて、ユダヤ人はヨーロッパ各地に離散していったんですね。

Qメルケル首相がイスラエルへ行く。それはどういう意味を持っているでしょうか？

――**ユダヤ人の大虐殺を行った国の首相が、ユダヤ人の国に行く。すごく危険な気がします。**

そうだよね。イスラエルは、ナチス・ドイツの迫害から逃れたユダヤ人がつくった国です。イスラエルには、今でもドイツを毛嫌いする人が多いのです。

メルケル首相は、そういう国に出向いて、議会で演説を行いました。そこでメルケル首相は何を語ったのか。そう、ナチス・ドイツが６００万人ものユダヤ人を大虐殺した事実について謝罪し、イスラエルの安全を守り、友好関係をさらに深めることを約束したのです。演説が終わると、イスラエルの議員たちは立ち上がって、拍手を送りました。

東ドイツの戦後教育

ここまで、戦後ドイツの歩んできた道を話してきました。でも私が話してきたことは、すべて西ドイツのことです。

では、ソ連に占領されていた東ドイツは、どうだったのか。ソ連は、東ドイツに社会主義体制を敷きます。そこでは、こんな教育が行われていました。

戦争は、一部の独占資本家が起こしたのだ。君たちプロレタリアート（労働者）は、被害者なのだ。そういう階級闘争論に基づいて、悪かったのはヒトラーとその取り巻き、そして一部の独占資本家だという国民教育を行いました。

その結果、東ドイツの国民は、戦争に対して反省する気持ちが、西ドイツのようには強くないのです。

東西ドイツの教育の違いが、今ひずみとなって表れています。２０１５年頃から、ヨーロッパにはシリアや北アフリカの難民が大量にやってきています。ドイツでは、戦争責任や少数民族虐待の反省から、メルケル首相が難民を無条件で受け入れると発表しました。そのため、現在80万人から１００万人ともいわれる難民たちがドイツで暮らしています。

この状況に対して、ドイツの中で難民や移民を追い出すべきだという運動が起こっているのです。代表的なのが「ドイツのための選択肢」という政党です。２０１３年にベルリンで設立されたこの政党は、現在の活動の基盤が旧東ドイツ地域です。

旧東ドイツ地域ではそれなりの勢力を持っているのですが、旧西ドイツでは勢力を伸ばすことができないでいます。

旧西ドイツの人たちは、戦乱を逃れてきた人たちや少数民族を助けるべきだという義務感のようなものを持っていて、難民や移民を快く受け入れます。一方、旧東ドイツの人たちは、そういう教育を受けてこなかった。

特に東西冷戦時代の東ドイツは、鎖国のような状態でした。他国の人や少数民族などとの付き合いが長い間ありませんでした。

そこにシリア難民などが入ってきた。旧東ドイツの人にとっては異質な存在に対する抵抗感やアレルギーがあるのでしょう。

こうして東西ドイツの国民の考え方の違いを見ていると、教育が人々の心や行動にいかに大きな影響を与えるか、ということがよくわかります。

消えないドイツへの警戒心

ドイツがヨーロッパの周辺国との和解を求める一方で、周りの国々は、それでもドイツは信用ならないと考えます。ドイツが石炭資源を掘り出し、鉄鋼業を盛んにしていくと、また強大な国家となり、武器を持ち、戦争をするのではないか。そういう不安から、「欧州石炭鉄鋼共同体（ＥＣＳＣ）」がつくられました（p48）。

ベルリンの壁が崩壊し、東ドイツが消滅し、西ドイツと一緒になって統一ドイツになるという動きになった時、フランスのある政治家が有名なせりふを吐きました。「私はドイツが大好きだ。大好きなものはふたつあったほうがいい」。つまり、ドイツは分裂したままのほうがいい。統一したら強大になって大変だ、という意味です。

ドイツ統一に際して、周りの国々、特にフランスは大変な警戒心を持っていたのです。だからこそＥＵという超国家組織が必要、というわけです。

東西冷戦時代も核兵器開発についても、同じことがいえます。第二次世界大戦の最後に、アメリカが原爆を開発し、広島と長崎に投下します。続いてアメリカの原爆開発技術をスパイによって手に入れたソ連が核実験に成功します。イギリス、フランス、そして中国もあとに続きます。
アメリカやイギリスの核ミサイルの標的は、もちろんソ連です。

Q では、東西冷戦時代、フランスの核ミサイルの標的はどこだったのでしょうか。

――ソ連じゃないとすると、仲の悪いドイツですね。

これは意外に知られていないことなのですが、もちろん一部はソ連を標的にしていました。しかし、残りはドイツを標的にしていた、ということです。フランスはそれほどドイツを警戒していたのですね。フランスの核ミサイルは、ドイツの侵略を防ぐために開発されたという側面もあるのです。

資本主義と社会主義の一大比較実験になった

世界との信頼関係を再び結び直すために、ドイツは非常な努力を続けています。一方で、2度の世界大戦の敗戦は、ドイツ経済に深刻な打撃を与えました。
ドイツは、現在EUの中でも突出した経済力を誇っています。言い換えれば、ドイツがいないとEU経済は成立しない。それがEUの現状です。

一方ドイツは東西に分断され、資本主義と社会主義の国ができたことで、どちらが経済体制として優れているかという一大比較実験にもなりました。

たとえば、アメリカとソ連、経済はどちらが発展したかと問われたら、その答えはアメリカです。でもだから資本主義のほうが優れていたとは単純に結論づけられません。

アメリカとソ連は、民族も違う、言葉も違う、気候も違う、歴史も違う。土俵があまりに違うので、比較対象になりません。

ものごとを比較する時には、比較すること以外の条件を全部そろえることで、初めて正しい検証が行えます。

写真⑪―東ドイツの国民車「トラバント」｜写真提供：共同通信社

ドイツは同じ言葉を話す、同じ民族の、同じ文化を持った人たちが、東西に分割された。まったく同じ条件下で、西ドイツは資本主義、東ドイツは社会主義、反対の道を歩むことになった。その結果はどうだったのかというと、典型的な例は、自動車産業です。ベルリンの壁が崩壊した時に、東ドイツの人たちは、トラバントという車に乗って西ドイツにやって来ました。

東ドイツの人にとっては、給料を10年分ぐらい貯めないと買えない憧れの車でした。では、トラバントとはどんな車だったのか。日本でいうと、軽自動車ぐらいの小さな車です。車のドアは段ボールと樹脂を組み合わせてつくられていました。エンジンの馬力は弱いし、猛烈な排気ガスを吐き出す。まるでおもちゃのような車でした（p165写真⑪）。

西ドイツでは、ベンツやBMW、アウディ、フォルクスワーゲンが走っています。どちらが経済的に成功したのか、一目瞭然ですね。

さて、ベルリンの壁が崩壊して、東ベルリンから大勢の人たちがこのトラバントに乗って西ベルリンにやって来ました。

突然、西ベルリンの空は大気汚染でひどい状態になりました。東ドイツには排気ガスの規制なんてなかったのです。西ベルリンでは、大問題になりました。

日本のあるテレビ局がトラバントを日本に持ってきて公道を走らせようとしました。ところが、日本の排気ガスの基準に適合できず、結局、走らせることはできなかったというオチがついていています。

実は旧東ドイツ圏にはトラバント愛好家がいて、私も取材に行ったことがあります。きれいに手入れをした車を持ち寄って、集団でドライブするのです。助手席に乗せてもらいましたが、車内は狭いし、車輪の振動がそのままがたがた、がたがた響いてくる。乗り心地が悪くて、生きた心地がしませんでした。

「欧州の病人」と呼ばれた

では、東西ドイツの統一は、経済にどんな影響をもたらしたのでしょうか。西ドイツは順調に復活し、自動車産業などを中心に世界でも有数の経済大国に成長していました。旧東ドイツの実力は、自動車でいえばトラバントのレベルです。ものすごい経済格差がある東西ドイツが一緒になった。それは、ドイツ経済の沈没を意味していました。

西ドイツでは、労働者の賃金も高く、福祉も充実していました。しかし、そこに労働生産性の低い旧東ドイツの人たちが加わってきたのです。

Qなぜ、東ドイツの人たちは、生産性が低かったのだと思いますか？

――社会主義はすべてが国のものだから、お金持ちになるためにがんばって働こうという気持ちが芽生えなかった。

そういうことなんだな。同じ民族でも、暮らしている社会の仕組みによって、大きく違ってくるのですね。

旧東ドイツの人たちからすると、高い給料がもらえるようになり、福祉も充実している。しかし統一後の旧西ドイツ企業は、旧東ドイツの人たちの人件費や生産性の悪さに苦しめられます。次第に人件費の安い東欧諸国やアジアに工場を移すようになりました。

当然、ドイツ国内の雇用は減少し、経済は停滞。ドイツ企業も国際的な競争力を失っていきます。

1990年の東西ドイツ統一後、一時的に建設ラッシュなどで好景気になりますが、すぐに経済は停滞し始めます。2000年前半までは、ドイツは「欧州の病人」と呼ばれるほど瀕死の状態でした。

2003年に当時のシュレーダー首相が、経済改革プログラムを断行します。それはドイツ国民にとって大きな痛みを伴うものでした。

経済を立て直すためには、まず失業者を減らさなくてはなりません。そのためには雇用を拡大し、企業の収益を増やす必要があります。

ドイツ経済の弱点は、高い人件費と高福祉です。シュレーダー首相はそこにメスを入れます。

失業保険や公的年金などの社会福祉を見直し、支給額を減額。支給条件も厳しくします。さらに賃金を安く抑え、所得税、法人税を減税します。

EUのほかの諸国が、好景気に沸き、賃金をどんどん上げていた時も、ドイツ国民はじっと我慢していたのです。

国民が痛みを耐え忍んだことで、ドイツ経済は復活します。

2009年、ギリシャが債務超過によって破綻状態になり、その影響はスペインやポルトガルにも広がっていきます。もしどこかの国が破綻すると、ユーロの信用はガタ落ちです。EU全体の経済に悪影響を及ぼします。

このときEU加盟国の中心的存在となりリーダーシップを取ったのが、ドイツのメルケル首相です。メルケルは、2005年の総選挙で勝利し、首相の座に就いていました。

シュレーダー前首相が行った改革の成果が大きく現れていたという幸運も、メルケルに味方しました。

EU諸国が財政の不安を抱える中、ドイツ経済は安定しています。盤石な経済を背景に、ユーロの危機は、欧州統合の失敗を意味すると発言し、ギリシャへの支援を決定します。ここからドイツは、EUそしてユーロのリーダーとして存在感を発揮し始めるのです。実は、このギリシャ支援がイギリスのEU離脱の一因となるのですが、それはまた別の話です。

ちなみに、東西ドイツが統一される前まで、韓国では、いずれ北朝鮮と一緒になって、統一朝鮮に戻したいという機運が盛り上がっていたことがあります。

ところが、東西ドイツが一緒になったあとの状況を見て、韓国の人たちは考え方を変えました。

西ドイツは日本と並んで世界でも有数の経済力を誇る国になっていました。東ドイツも社会主義の中ではトップレベルの経済力です。

ところが一緒になってみたら、東ドイツはあまりに貧しく、西ドイツ経済のお荷物となってしまいます。ドイツ経済は、一時的に大きく落ち込みました。

韓国も、当時は経済が急激に発展していました。一方、北朝鮮は、社会主義の国の中で最も貧しい国。もし一緒になったら、韓国が沈没してしまう。東西ドイツの統一を見て、急激に韓国の中で統一の機運が薄れてしまったのです。

宗教もドイツ復活の原動力?

ドイツ経済の復活には、宗教的な要因もあるのではないかという見方もあります。それをご紹介しましょう。

第一次世界大戦で敗戦したドイツは、戦勝国に対して多額の賠償金を支払う義務がありました。当然、経済は困窮します。そこから強いリーダーを求める声にのってヒトラーが登場するわけですが。

それにしても経済力が弱いままでは、ヒトラーといえども他国に侵略戦争を仕掛けることなどできません。第二次世界大戦の時点では、ドイツは圧倒的な経済力を持っていたのです。

第一次世界大戦の終結が1918年、第二次世界大戦が始まったのが1939年。その間わずか21年です。

なぜドイツは、短期間で経済復興できたのか。そのヒントが、社会学者マックス・ウェーバーの有名な論文「プロテスタンティズムの倫理と資本主義の精神」(1904～05)、通称「プロ倫」に記されています。

ウェーバーは、経済が発展している国と停滞している国では信じている宗教が違うのではないか、という仮説を立てました。

ウェーバーの論によると、カトリックの国は経済があまり発展していない。ヨーロッパでも経済が発展し、国民が豊かになっている国にはプロテスタントのところが多い。プロテスタントでも、とりわけカルバン派の国の経済が発展している。なぜカルバン派の信者たちの国は、資本主義が発展するのだろう。そういう分析を行いました。

キリスト教の考え方は、基本的にはどの宗派も同じです。唯一絶対の神様がこの世界をおつくりになった。ということは、やがてこの世界の終わりが来る。

世界の終わりが来た時に、一人ひとり神様の前に引き出され、最後の審判を受ける。よい行いを多くしたものは天国に、悪い行いのほうが多かったものは地獄に落ちる。

キリスト教の信者たちは、この世界の終わりが来た時に、自分は天国に行けるかどうかを考えます。天国に行くためには、よい行いをたくさんしたほうがいいという生き方のモラルを持っています。

カトリックの信者は、キリスト教を信じ、布教する活動に協力することが善行だと考えます。教会の活動を支えるために財産はなるべく寄付しよう。そうすることで自分は天国に行けると信じています。

ヨーロッパに行くと、豪華な教会と質素な教会がはっきり分かれています。質素なのは、プロテスタントの教会。豪華な教会は、基本的にカトリックです。カトリックの信者の多くは商売で稼いだら、それを教会に寄付するのですね。

それに対して、プロテスタントのカルバン派は、神様は絶対的な力を持っているから、死後、天国に行けるかどうかは、あらかじめ決まっているのだ、と考えます。

Qもしあなたがカルバン派の信者だったら、どんな人生観を持つと思いますか？

――**死後の世界があらかじめ決められているなら、もう好き勝手に生きるかもしれません（笑）。**

そういう人もいるでしょうね。自分は天国に行くのか地獄に行くのか、あらかじめ定められている。でも自分にはわからない。もしかしたら地獄に落ちるのかもしれない。不安になりますよね。

カルバン派の人たちは、神様が天国に行くと決めた人は、当然、神様の意思にしたがってよい行いをしているのだろう。仕事に対しても、一生懸命努力し成功することが、神様から選ばれているということの証《あかし》になるのではないか、と考えます。

その証を得たくて、一生懸命働きます。でも働いて金持ちになったとしても、贅沢三昧《ざんまい》の暮らしをしたら、堕落した人生になる。堕落した人生を送るということは、神様から見放されている証拠です。

だからお金はたくさん稼ぐけれど、それで贅沢をしてはいけない。再投資をして、さらに事業を拡大していく。この地上で成功することこそ神様から選ばれているという証になるのだ、と考えるのです。

それで、カルバン派の人たちは、禁欲的でひたすらストイックに働き続ける。結果的に財産ができる。でも財産は無駄遣いしないで、また再投資をする。そしてさらに事業を拡大する。

ドイツが発展したのには、プロテスタントのカルバン派の思想がその根底にあったのではないか。これがマックス・ウェーバーの主張です。

いろんな議論はありますが、確かにヨーロッパではプロテスタントの信者が多い国の経済は発展しています。

Q 今のヨーロッパで経済が破綻しそうな5か国の頭文字をとって、PII

GSと呼んでいます。5か国、全部答えられますか？

――ポルトガル、アイルランド、イタリア、ギリシャ、スペインです。

正解ですね。これらの国は、ギリシャ以外はカトリック教徒が多い国なんですね。マックス・ウェーバーの分析どおりになっているかどうかはわかりませんが、結果的に経済が破綻してしまった国、資本主義が十分発展していない国には、カトリックが多いという事実があります（p176地図⑪）。

――PIIGS以外で、カトリック教徒が多い国はありますか。その国がうまくいっているとしたらPIIGSとの違いはどこにあるのでしょう？

いいところを突いてきましたね。ヨーロッパの中で、カトリックの大国といえばフランスです。さすがにフランスは、経済破綻はしていません。でも、あれだけの大国の割に経済が停滞しているのは、カトリックが影響しているかもしれません。これは私の単なる仮説です。

カトリックは離婚が認められていません。一度結婚したら、もう離婚することができない。その昔、イギリスの国王が妻以外の女性と結婚したくなった。でもカトリックだと離婚できないから、自ら英国国教会をつくってカトリックから離れ、離婚したという話もあ

地図⑪—**ヨーロッパにおけるカトリックの国、プロテスタントの国**
| 出典：外務省HPをもとに編集部が作成

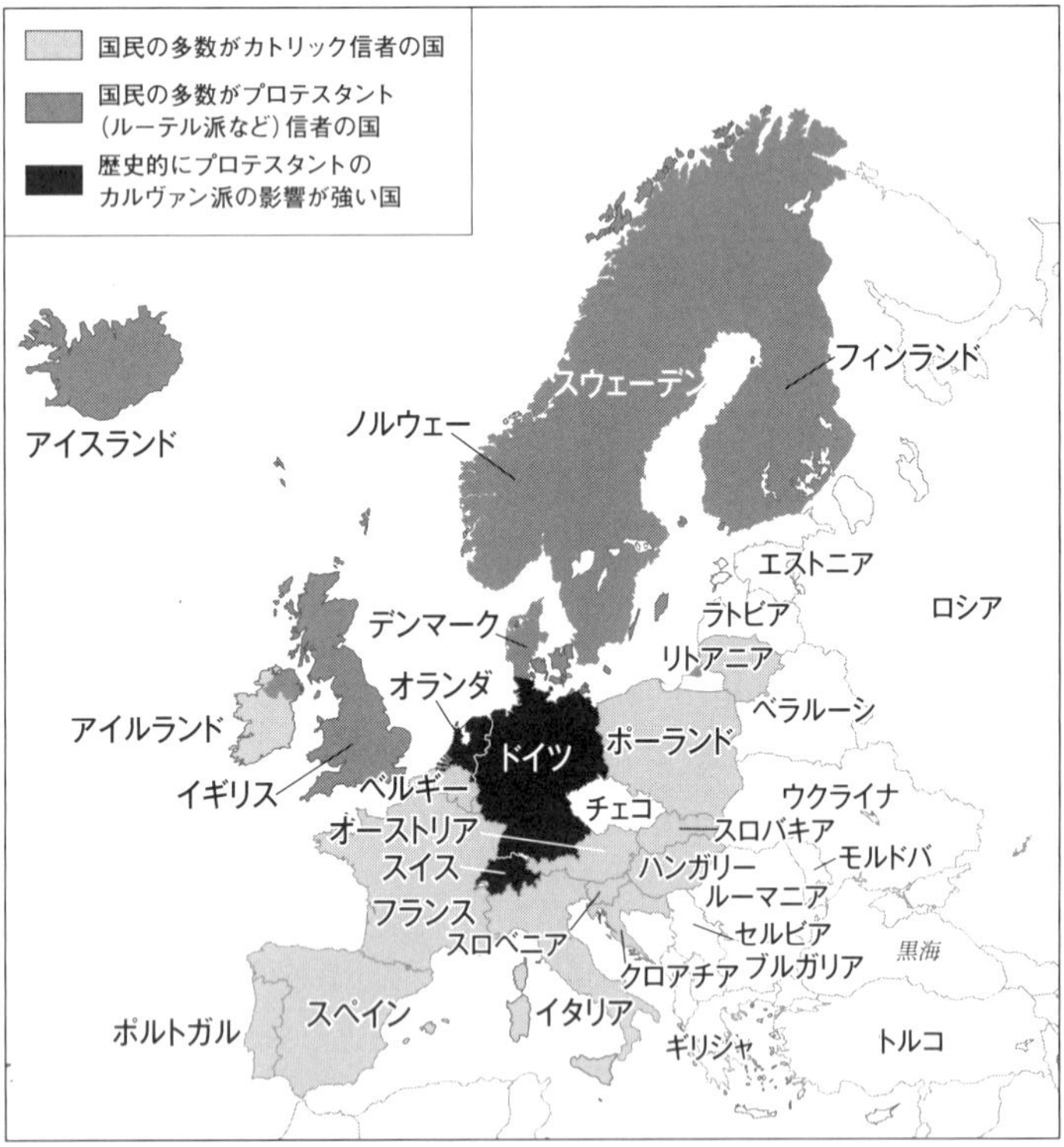

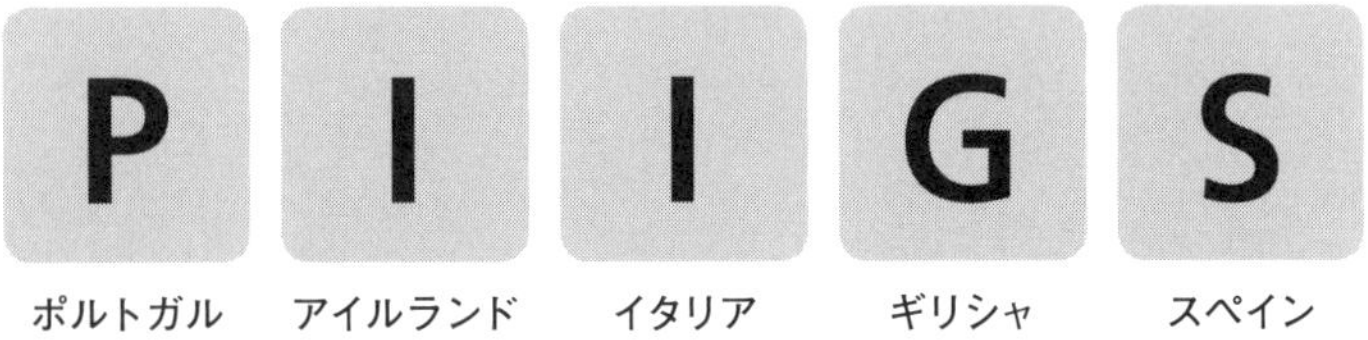

PIIGSはユーロ圏で財政状況がとりわけ厳しい5か国の頭文字をとっての呼称。
カトリック信者の国が多いのには理由があるのでしょうか？

ります。

すごいですよね……。離婚したいからという理由で、新しい宗派をつくってしまうのですから。

カトリックの国フランスの最近の傾向として、離婚できないのなら、最初から結婚の誓いを立てないという選択をするカップルが増えています。その結果、婚外子、つまり正式に結婚していない男女の間に生まれた子どもが5割を超えています。

要するに、正式な結婚をして生まれる子どもよりも、婚外子のほうが多いのです。法的に結婚はしていないけれど、事実上の夫婦です。こういう夫婦関係を事実婚といいますね。

フランスでは、正式な結婚をした夫婦の子どもと、事実婚の子どもたちとの間に、社会的な差別はまったくありません。子ども手当も同じだけ支給されますし、遺産相続の時に不利になることもありません。

だから、カップルが一緒に暮らしていても、正式に結婚しているのか、単なる事実婚なのか、いちいち詮索することもありません。

前大統領のオランド氏も、大統領に就任した時は事実婚でした。結局、浮気がばれて逃げられてしまうのですが（笑）。

オランド氏が大統領時代に、来日したことがありました。日本側は、正式な奥さんではない女性をファーストレディとして扱っていいのかどうか、頭を悩ませたそうです。ほかの国はどうだったのか。もちろん、どの国もファーストレディとして処遇している。それでは日本も同じように対応しようと決めました。日本は相当遅れていますよね。

ドイツ＝質実剛健ではない？

Q 今さらながらの質問になりますが、みなさんはドイツに対してどんなイメージを持っていますか？

――やっぱり、ソーセージとビールです。

――自動車メーカーなどに代表される質実剛健な国民性。

なるほど。一般的なドイツのイメージですよね。でも、誰もがビールを好きなわけではないんですよ。

なぜこんな質問をしたかというと、ドイツ人だからこうだろうという、ステレオタイプな見方をしないでほしいと思ったからです。

ドイツの歴史を振り返ると、プロイセンとバイエルン、このふたつの王国が中心となってできた国です。

北部のプロイセン地域は、森が多くて、冬は寒い。かなり過酷な自然条件です。一方、南部のバイエルン地域は、明るくて、温暖な気候。まるでラテンの雰囲気です。気候が違うと、住んでいる人の性格もずいぶん変わってきます。

生真面目で、質実剛健。これは、プロイセンのイメージです。北部でエレベーターに乗り合わせると、みんなむすっとしているんですよね。まるで日本みたいです（笑）。南部のバイエルン、特にミュンヘンの人々は陽気な人が多く、楽しそうにしています。ミュンヘンだとエレベーターの中でも「ハーイ」と、気軽に声をかけてくれる。同じドイツでも、ずいぶん気質が違うんだなと、驚きます（p181図表⑪、写真⑫⑬）。

自動車も、北と南で印象が違いますよね。

Q　みなさんが知っている、ドイツの有名な自動車メーカーを教えてください。

――**メルセデス・ベンツとBMWです。**

ベンツはものすごく厳格なイメージの車です。一方、BMWは、ちょっとおしゃれで軽やかな感じ。

BMW、ドイツ語で発音すると「ベーエムヴェー」ですね。なんの略でしょう。原語

(Bayerische Motoren Werke AG) をそのまま訳すと「バイエルン自動車工場」という名称なんです。身も蓋もないような名前だけど、BMWと呼んだ途端、突然おしゃれに感じる。不思議ですね。

BMWのシンボルカラーである青と白のツートンカラーも、バイエルン州のカラーそのもの。自動車のデザインなどから、バイエルンの持つラテン的雰囲気が感じられるのです。

一方のメルセデス・ベンツは、ダイムラーというメーカーのブランドで、バイエルンの西に位置するバーデン゠ヴュルテンベルク州のシュトゥットガルトに本社を構えています。比較的南部地方にあるのですがBMWに比べると堅い印象を受けます。

もう1社忘れてはいけないのが、フォルクスワーゲンです。ドイツ北部ニーダーザクセン州のヴォルフスブルクにあり、典型的なプロイセンのイメージを持つ実直な車づくりで有名です。

フォルクスワーゲンは、ドイツ語で「国民車」という意味です。最初の車がヒトラーによる「国民車計画」のもとにつくられたという歴史も持っています。

ところで、私は世界のいろんなところに取材に行きますが、アラブ諸国だと、たとえば午前10時の約束で取材に行くでしょう。時間になっても、相手はなかなか現れない。1時間ぐらい待たされるのは当たり前です。だから、取材が苦労する。

図表⑪—**南北で違うドイツ**

北部（主にプロイセン地域）

全体の印象	森のイメージ
気候の特徴	厳冬
住民の気質	冷静、真面目、質実剛健
北部にある代表的な企業	フォルクスワーゲン（自動車）、ドイツ銀行、ドイツ鉄道など

写真⑫—湖も凍るハンブルクの冬｜写真提供：Alamy/PPS通信社

南部（主にバイエルン地域）

全体の印象	ラテンの雰囲気
気候の特徴	温暖
住民の気質	陽気、おおらか、好意的
南部にある代表的な企業	BMW、ポルシェ（自動車）、シーメンス（電子機器）、アディダス（スポーツ用品）など

写真⑬—人々の陽気な気質が垣間見えるミュンヘンのビール祭り｜写真提供：共同通信社

ドイツの取材は非常にスムーズです。約束の時間になると、すぐに取材できるように準備が整っています。ドイツ人と日本人は、時間の正確さや几帳面さ、清潔さなどの国民性が非常によく似ていると感じます。

日本との比較

国民性がよく似ているといわれるドイツと日本。ともに第二次世界大戦で敗戦し、戦後は見事に復活を果たしましたが、戦後の謝罪と和解への取り組みは、だいぶ異なるものでした。

日本は敗戦後、ＧＨＱ（連合国総司令部）の占領下に置かれました。実質的にはアメリカによる単独支配です。ＧＨＱは、日本の統治機構をそのまま温存しました。天皇をトップに置く大日本帝国憲法のもとでの統治機構をそのまま残して、その上にＧＨＱを置いたのです。

軍を統帥していた天皇は、ＧＨＱによって処罰されることなく残されます。戦犯に問われた一部の人は裁判にかけられ有罪となりましたが、多くの戦争責任者は政治の世界や企業活動で復活していきます。警察官や役人たちもそのままです。

それまでの体制を維持したことで、日本は大きな混乱に陥ることなく、順調に復興を遂げることができました。しかし、戦争の責任と徹底的に向き合う機会は失われてしまいました。

ドイツとはずいぶん違いますね。ヒトラーとナチスはドイツ国民が生んだ、という大罪と責任を背負って、ドイツは徹底的に過去の行いを反省し、各国に謝罪し和解を求めてきました。そして国際社会で再び信頼を勝ち得ることができたのです。

一方、日本はどうか。中国での「南京大虐殺」や、韓国の「従軍慰安婦問題」など日本軍による残虐な行為だという中国や韓国の主張をめぐって、お互いの関係はギクシャクしたままです。日本は中国や韓国、北朝鮮に対して謝罪しています。でも「謝罪したからいいだろう」とか、「金を払ったから、もういいだろう」とかいう態度を見せる政治家がいることで、「日本は本心から謝罪していないのではないか」と批判を受けてしまうのです。

実に残念なことです。自国の歴史と向き合うとはどういうことか、考えてみてください。歴史的認識をめぐって、戦後70年以上経っても、両国とは微妙な関係のままです。

ドイツは原発を廃止した

近年、日本とドイツが反対の選択をした大きな案件といえば、原発です。

２０１１年3月11日、福島で発生した原子力発電所の事故を見て、メルケル首相はドイツ国内の原子力発電所を全廃する決断をします。

１９８０年以前に稼働開始した原子力発電所7基は即時停止。残りの9基についても２０２２年末までに停止することを決めました。

原発全廃に関する法律が議会を通過したのは、福島の原発事故からわずか4か月後のことです。実は、福島で原発事故が起こるまで、メルケル首相は原発推進派でした。

Qメルケル首相が、原発推進から脱原発へと１８０度舵を切った理由を推理してください。

――ドイツはチェルノブイリの時にも放射能の影響を受けたから、日本の惨状を見て怖くなった？

旧ソ連時代のチェルノブイリ原子力発電所の事故ですね。もちろんそういう理由もあるでしょう。チェルノブイリは現在のウクライナにあります。原子力発電所の事故で大量の放射性物質が巻き上げられ、北東の風に乗ってドイツを通り過ぎ、あちこちの作物が放射能で汚染されてしまいました。

ドイツ国民は、「チェルノブイリは社会主義国家のソ連だから発生した。資本主義国家では起こり得ない」という政府や電力業界の発言を信じていました。ところがハイテク先進国の日本で、事故が起きてしまった。

メルケル首相は、「日本人ですら対応できないような事故が起きた。我々ドイツ人には原発を維持管理するのはとても無理だ」と考えました。日本を高く評価していたのです。その結果、原子力発電所を全廃するという方針を出しました。

ドイツは原発を全廃する。一方で、事故を起こした日本が原子力発電所を再稼働することは大きなニュースになりました。

日本の原発は、福島であれほど深刻な問題を引き起こした。しかし日本政府は再稼働しようとしている。それほど原発に固執するのはなぜか？　という論調の記事も見受けられました。

では、ドイツは原発をやめてどうするのか。現在は再生可能エネルギーの活用が主流です。特に風力発電や太陽光発電に力を入れています（p186図表⑫、写真⑭）。

図表⑫—**ドイツのエネルギー源の割合**｜出典：Arbeitsgruppe Energiebilanzen e.V.
原子力発電から再生可能エネルギーへの転換が顕著なのがわかります。

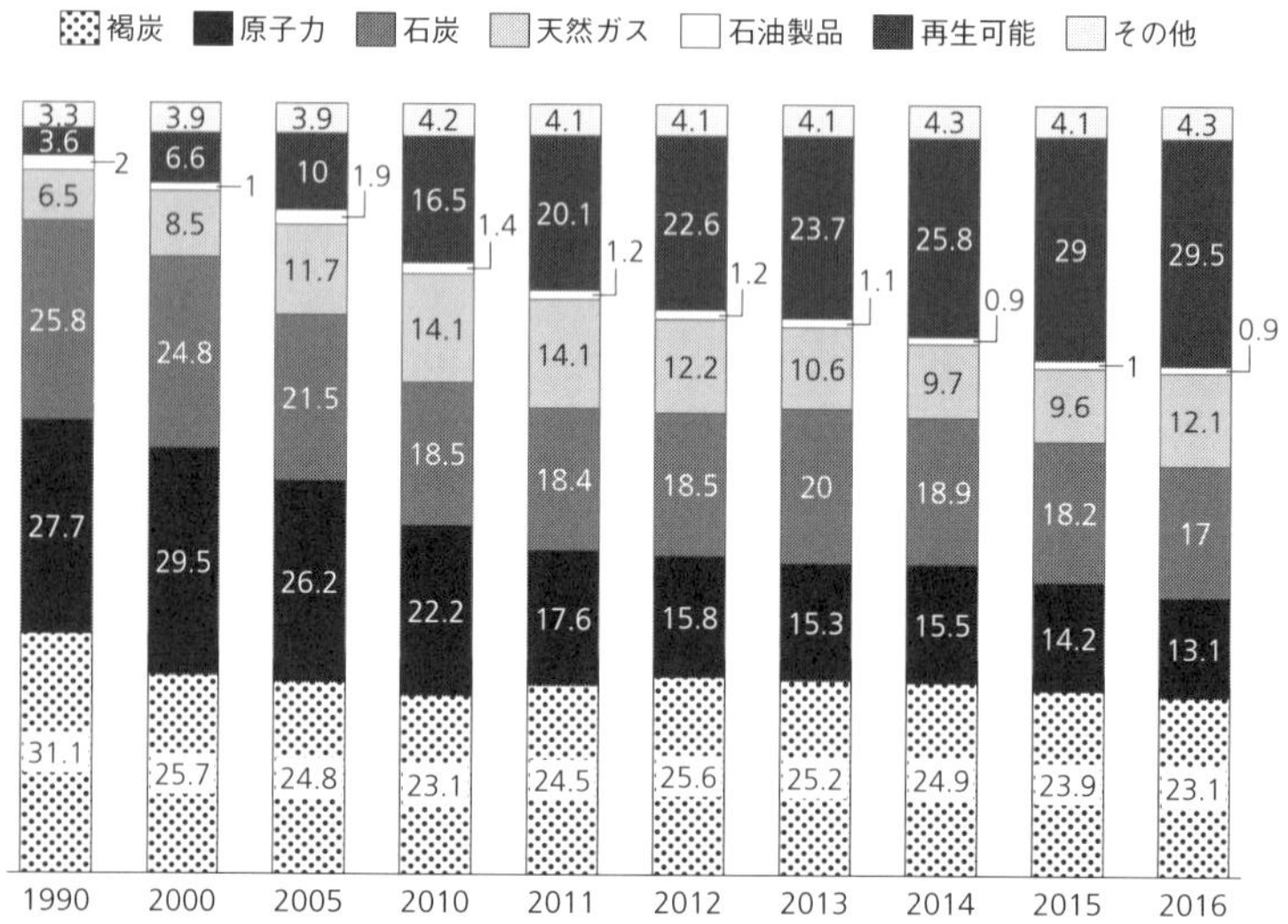

写真⑭—ドイツの太陽光発電施設｜写真提供：共同通信社

――日本は、原発を再稼働しないと電力が足りないと言っています。ドイツはそれで大丈夫なのですか？

実は、再生可能エネルギーだけでは足りないんですね。原子力発電所が発電した電力を、再生可能エネルギーだけでまかなうのはやはり難しい。ここで、ドイツの合理性が顔を出します。

ドイツはフランスから電力を買っているんです。フランスは原子力大国。原子力発電所がたくさん稼働しています。フランスは原子力発電所を継続するという方針を出しています。

ドイツは、自国が原子力発電所を廃止しても、いざとなればフランスから電力が買える。そこが海で囲まれた日本と違うところです。

ただし、ドイツのようにものごとを合理的に考える国が原子力発電所をやめるという決断をした。それを私たち日本は、どう受け止めるか。そういう問題提起もしておきましょう。

第6章
「難民・移民・テロ」から見るEU

イギリスのEU離脱

EUは、平和への理想を掲げ、ヨーロッパの統合を目指してきました。しかしEU発足の礎となった「ローマ条約」から60年、EU発足から十数年を経過して、さまざまなきしみが出てきました。

そのひとつが、イギリスのEU離脱です。2017年3月29日、イギリスのメイ首相はEUに対して離脱することを正式に通知。2019年に離脱することが決まりました。

Q これをなんと呼ぶでしょう?

――ブレグジット（BREXIT）です。

正解です。英国のBritainと出口のExitを組み合わせた造語ですね。離脱が国民投票で決まったあと、ブリテン（Britain）と後悔のRegretを組み合わせたブレグレット（BREGRET）という造語も生まれましたね。離脱決定を後悔する動きを表現しています。

ブレグジットは、EUの未来を占ううえでも、非常に大きな転機となるでしょう。

イギリス国民がEU離脱に傾いた原因のひとつが、2009年、ギリシャの財政破綻に端を発する、ユーロ危機です。

借金をごまかし続けたあげく破綻したギリシャのせいで、ギリシャ国債を買っていたEU各国の銀行も破綻の危険性をはらんできます。

わがままなギリシャのせいで、EU全体が大迷惑を被っている。なぜ、イギリス国民の税金を使って、そんな国を支援しなくてはいけないのか。国民から不満の声が上がるようになりました。

また、EU市民であれば、EU域内での就労の自由と社会保障の権利が認められています。貧しい国の住民たちは、当然、経済状態の安定している国に行って働きたいと思うよね。小国が次々とEUに加盟するにしたがって、移民問題が表面化します。

イギリスはこのEU諸国からの移民にも頭を悩ませていました。2004年にポーランドやスロバキアなどがEUの仲間入りをした際には、大量の移民が流入してきました。この事態を受け、2007年のルーマニア、ブルガリアのEU加盟時には就労制限を設け、それが廃止される2014年には、「入国後3か月間は失業手当の支給制限、物乞いなどしたら強制送還」といった対策を取りました。

また、2015年からはシリアなどからの難民も増えてきました。さらに、難民に紛れて入国したIS（自称「イスラム国」）などによるテロも、EU全体で深刻な問題になりました。

この厳しい状況はEUに加盟しているせいだという声が高まります。そしてついに2016年6月23日の国民投票の結果、イギリスのEU離脱が決まりました。

EUは現在28の国による連合体です。EUを支えるために、加盟国はその経済力に応じた資金を拠出しています（図表⑬）。

とはいっても、大部分を負担しているのはドイツ、フランス、イタリア、イギリスの四つの大国です。

Q イギリスがEUから離脱すると、フランスとドイツからの拠出金が中心になります。どんな問題が起こるで

図表⑬―**EU各国の拠出金** | 出典：Financial Report 2014-European Commission

EU28か国の拠出金総計
1329億6120万ユーロ

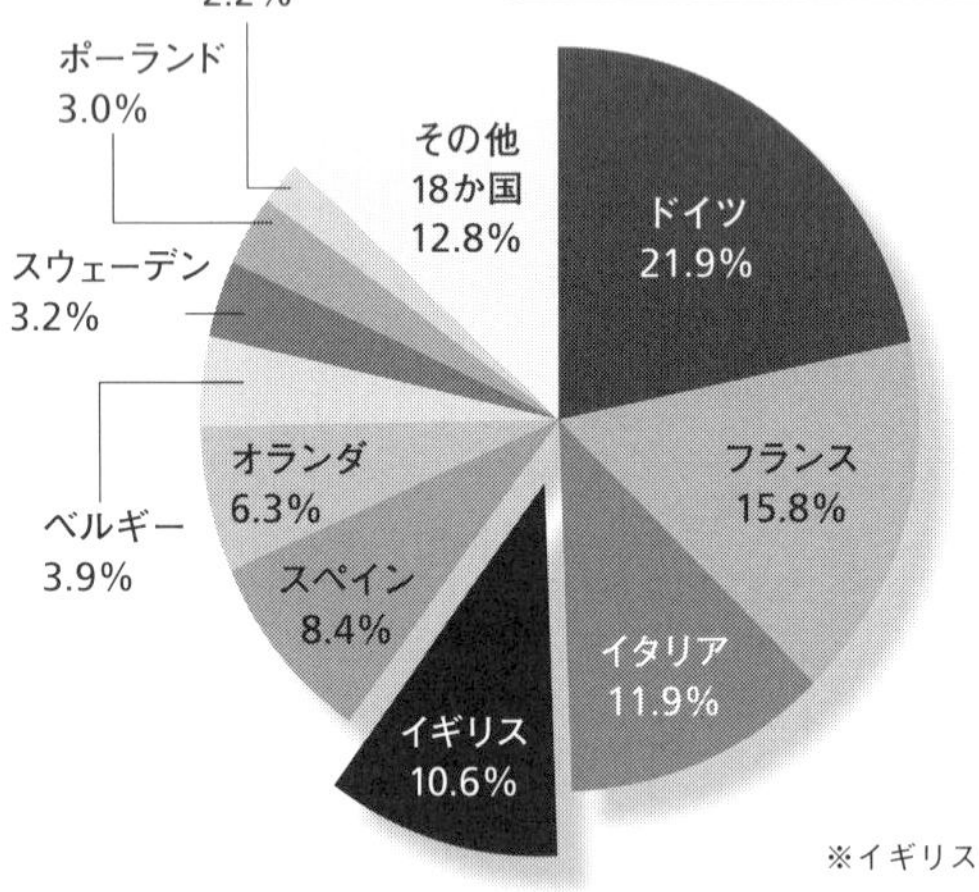

国名	拠出金額（単位：億ユーロ）
ドイツ	291.430
フランス	209.677
イタリア	158.886
イギリス	140.723
スペイン	111.110
オランダ	83.727
ベルギー	52.327
スウェーデン	42.943
ポーランド	39.546
オーストリア	28.695
その他18か国	170.548

※イギリスは2020年1月31日にEUを離脱

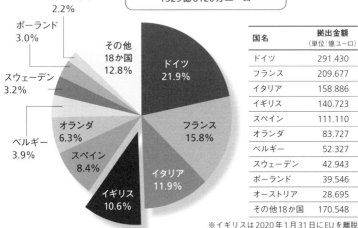

しょう。

――**経済力が最も強いドイツ主導のEUになってしまう恐れがあります。**

そうなんです。EU成立の原点は、二度と戦争が起こらない平和な世界をつくること。そのためには、ドイツに強大な力を持たせないようにしようとしたのが始まりです。イギリスの離脱によって、EUの根幹が大きく揺らぎ始めているのです。

イギリス国内に目を向けてみましょう。国民投票で離脱は決定した。確かに離脱を推進する声は大きかった。でも現実的に考えて、イギリス政府だけではなく国民も、まさか離脱賛成が過半数を取ると思っていなかったはずです。

投票率は、72・1%。EU離脱に対する賛成票約52%、反対票約48%でした。

EU残留を訴えていたキャメロン首相は辞任します。新首相に就任したメイ（p194写真⑮）は、国民投票の結果を尊重し、EUからの離脱を推進すると宣言しました。

イギリス国内に動揺が走ります。経済的に統合しているEU内にいると、EU全体が国内市場のようなものです。たとえば貿易に関しても、EUとの関税はどうするのかなど、さまざまな取り決めをしていかなければなりません。特に欧州の金融の中心地として君臨しているロンドンは、その座が危うくなってしまいます。

2017年3月29日、イギリスはEUに対し離脱を正式に通告。6月から、EU離脱に

図表⑭—**イギリスのEU離脱への道**（2017年10月現在）

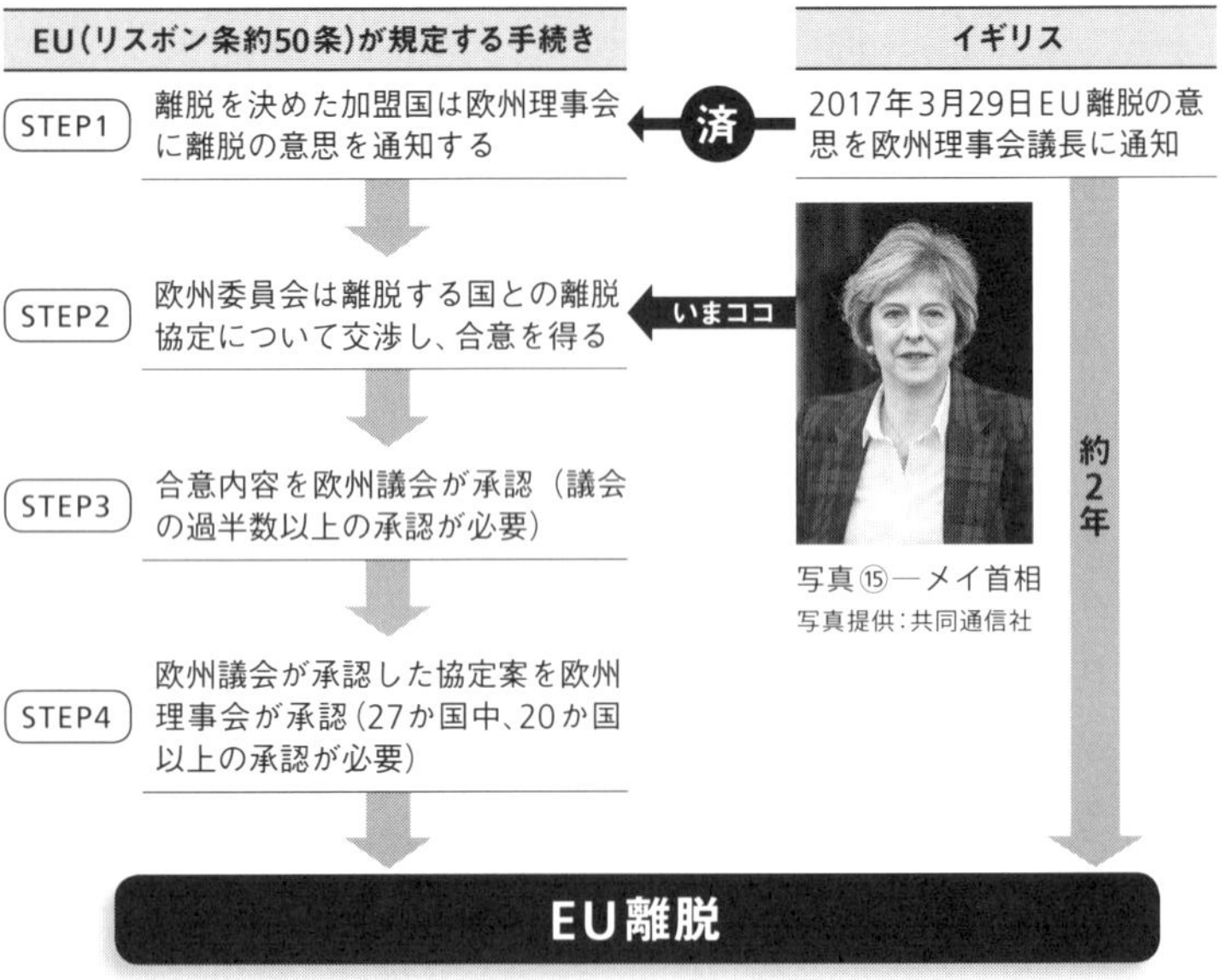

EU（リスボン条約50条）が規定する手続き
イギリス
STEP1
離脱を決めた加盟国は欧州理事会に離脱の意思を通知する
済
2017年3月29日EU離脱の意思を欧州理事会議長に通知
STEP2
欧州委員会は離脱する国との離脱協定について交渉し、合意を得る
いまココ
STEP3
合意内容を欧州議会が承認（議会の過半数以上の承認が必要）
STEP4
欧州議会が承認した協定案を欧州理事会が承認（27か国中、20か国以上の承認が必要）
約2年
EU離脱

写真⑮—メイ首相

写真提供：共同通信社

図表⑮—**自分はEU市民であると考える人の割合**｜出典：Eurobarometer84

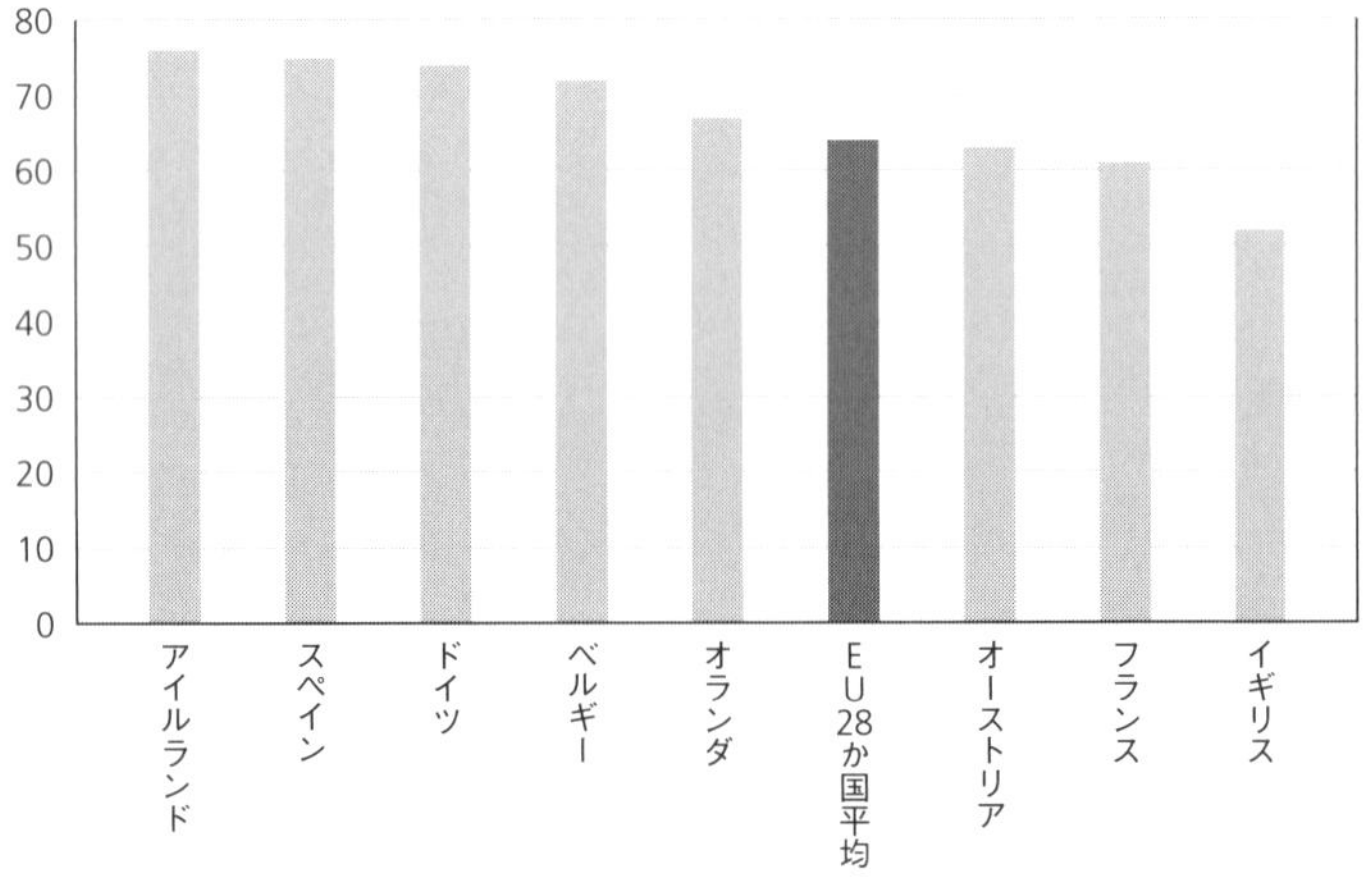

80
70
60
50
40
30
20
10
0
アイルランド
スペイン
ドイツ
ベルギー
オランダ
EU28か国平均
オーストリア
フランス
イギリス

離脱の是非を問う国民投票（2016年6月23日）の半年前に行われた調査の主な国の結果。イギリス人は、EU市民であるという意識が低いことがわかります。

向けてイギリスとＥＵの交渉が始まりました。約２年間の交渉ののち、イギリスはＥＵから離脱することになります（図表⑭）。

イギリスは、できるだけ自分たちに有利な条件でＥＵとの関係を保とうとするでしょう。しかしＥＵ加盟国にしてみれば、イギリスに対して甘い対応をすると、今後もＥＵを離脱する国が現れるかもしれません。イギリスの前途は、厳しいものだと思います。はたしてどうなるでしょう。

ＥＵを揺るがす難民問題

現在、ＥＵを揺るがしている最も大きな問題が、北アフリカ、中東、特にシリアからＥＵへ流入する難民問題です。

２０１５年を境に、難民は急激に増加します。

Ｑその理由がわかる人はいますか。

――中東で起こった民主化革命「アラブの春」では、インターネットの普及が革命を後押ししたと聞きました。

よく勉強していますね。インターネットが普及した結果、携帯電話もスマートホンへと進化しました。通話もできる、メールもSNSも使える。

GPS機能で、自分たちのいる位置もほぼ正確にわかります。たとえ家族と離れ離れになっても、スマートホンがあれば連絡が取り合えるので心配ありません。

未知の土地を目指す難民たちにとっては、最強の道具です。スマートホンの普及が、難民の移動を加速させたのですね。

Q スマートホンへの充電はどうするのですか。私たちも1日使っていると、すぐにバッテリーがなくなります。

確かに、それは重要な問題だよね。実は、難民を支援するボランティアが各地にいて、充電ステーションを設置しているのです。さらにヨーロッパでは無料のワイファイ(Wi-Fi)スポットが多いので、インターネットを使うのにもあまり不自由はありません。

スマートホンが普及したことで、それまでシリアにとどまっていた人たちも、難民となってヨーロッパ各国を目指すようになりました。

最も多くの難民たちが目指した国。それが、ドイツです。

ドイツは、ナチス・ドイツ時代に少数民族を差別した反省から、無制限に難民を受け入れました。ドイツ国内で難民申請をした人たちには、アパートを斡旋し、生活費を毎月日本円で約4万円ほど支給してくれる。

トルコやヨルダンにいると、難民キャンプでテント生活です。しかしドイツに行けば、アパートが保障され、生活費までもらえる。さらに難民として認定されれば、そのままドイツに定住でき、仕事まで斡旋してもらえる。先に渡った難民たちが、ドイツはいいぞと連絡するわけです。

希望を持ったシリアの人たちは、バルカン半島や地中海を経由してドイツを目指すという流れができあがりました。

Q「難民」と「移民」の違いを知っていますか？

――難民は、戦争などで国に暮らせなくなって逃れてきた人で、移民は国にいても普通に暮らせるけれど自分の意志で他国に移った人です。

ほぼ正解ですね。移民は、主に経済的な理由から他国に移り住む人たちのことですね。

難民には定義があります。それが1951年に国連で採択された「難民条約」です。その第1条で「人種、宗教、国籍もしくは特定の社会的集団の構成員であることまたは政治的意見を理由に迫害を受けるおそれがあるという十分に理由のある恐怖を有するために、国籍国の外にいる者であって、その国籍国の保護を受けられない者またはそのような恐怖を有するためにその国籍国の保護を受けることを望まない者」（国連難民高等弁務官事務所ＨＰより）と定められています。

世界の主な国は難民条約に加盟しています。難民条約加盟国には、難民だと申請してきた人は、無条件に受け入れなければならないというルールがあります。

無条件で受け入れ、本当に難民かどうかを審査し、難民でなければ送還してもかまわない。しかし難民だと認定されたら、定住権を与えなければいけない。それが難民条約なんですね。

現在、ヨーロッパはシリアからの難民が多くを占めていますが、中東のほかの国やアフリカからの難民も入ってきます。

中東からの場合、地中海を渡って、まずギリシャやイタリアに入ります。ギリシャは、ギリシャ危機で経済破綻しています。イタリアも経済状態があまりよくありません。

つまり、これらの国で、難民だと申請してもちゃんと面倒を見てくれる可能性は低い。

ＥＵ圏内に入ると、シェンゲン協定加盟国であれば、パスポートも国境検査もなく自由に移動ができます。

だからギリシャやイタリアに入った難民は、そこでは難民申請しないんですね。もし難民申請をすれば、必ず受けつけられます。そうすると、その国にとどまらざるを得ない。彼らはより待遇のいいドイツを目指します。

ギリシャやイタリアは、難民を自国で受け入れるのは経済的にも大変です。しかし難民たちは、ギリシャやイタリアは通り過ぎるだけです。ドイツを目指したいと言っている。それならいいだろうと、難民をどんどんＥＵ圏内に入れてしまいます。

１９９０年に制定されたダブリン規約では、難民としての申請者がほかのＥＵ諸国を通過してきたら、最初の通過国が難民申請を受け入れて助ける責任を負うと定められています。なので、ドイツは難民をギリシャやイタリアに追い返すこともできるのですが、メルケル首相は、難民は全員受け入れると宣言しました。ドイツの国民たちは当然のこととして受け止めました。

しかし、第5章で話したように旧東ドイツの人たちなどは難民受け入れに批判的です。２０１６年の暮れに、ベルリンのクリスマス・マーケットに過激派がトラックで突っ込んで、大勢の人をひき殺すというテロ事件がありました。容疑者はチュニジア人でした。ドイツが難民を無制限に受け入れているから、難民に紛れ込んでテロリストがやってきた。そういう声も上がります。

事件直後には、メルケル首相の支持率は少し下落しました。ところが、年が明けたら、再び支持率は上昇します。

つまり、難民を装ったテロリストが事件を起こしても、ドイツの人たちは、難民受け入れは間違いだ、中止すべきだとは考えていないのです。難民問題に関しては『池上彰の世界の見方　中東』にも詳しく書いてあります。あわせて読んでいただくと、より理解が深まると思います。

――現在のメルケル首相は東ドイツ出身だと聞いています。第5章で、東ドイツではソ連の教育によって、戦争を反省する機会が失われていたと習いました（p162）。**それなのに、どうして彼女は思いきって原発を廃止したり、無条件で難民を受け入れたり、人道的な政策を打てるのでしょう？**

メルケル首相が東ドイツ出身ということまでよく知っていましたね。実は、メルケルさんが生まれたのは西ドイツのハンブルクでした。お父さんはプロテスタントの牧師さんで、両親と一緒に東ドイツに移り住みました。メルケルさんは、西ドイツ生まれ、東ドイツ育ちなのです。

東西ドイツが分割されたあと、プロテスタントの一部の宗派にかぎっては、東ドイツでも布教が認められました。メルケル首相のお父さんもその宗派でした。東ドイツでも自分たちの宗派の教会を維持しなければいけません。誰か行ってくれないかと頼まれて、メルケルさんのお父さんが赴任することになったのです。困っている人がいれば助ける。メルケルさんはこういう人道的な考えを父親から受け継いだようです。

東ドイツがいよいよおかしくなってきた時に、メルケルさんは、西ドイツのような国になるべきだと民主化運動を行います。ここから頭角を現し、統一ドイツの中でも、政治家として強い力を持つようになりました。

メルケルさんの人道的な政策とリーダーシップの背景には、このような生い立ちが関係しているかもしれません。

ちなみにメルケルさんのフルネームは、アンゲラ・ドロテア・メルケルです。夫は物理学者のヨアヒム・ザウアーさんです。名字が違いますよね。余談ですが、メルケルさんは一度離婚していて、今も前の夫の姓をそのまま使っているのです。

「自国第一主義」が台頭した

アメリカにトランプ大統領が誕生し、「自国第一主義」を掲げます。メキシコからの不法移民は犯罪をするし、アメリカ人の職を奪っている。メキシコとの間に壁をつくろう。

イスラム教徒はテロリストだから、入国を禁じよう。などなど、とにかくアメリカの都合最優先。ほかの国のことは知らない。アメリカさえよければいい、という利己的な考え方です。

難民問題を抱えるＥＵ各国でも、「自国第一主義」を掲げる政党が勢力を広げ始めます。ドイツでは、旧東ドイツで生まれた「ドイツのための選択肢」。フランスでは「国民戦線」。イタリアでは、「五つ星運動」、オランダの「自由党（ＰＶＶ）」などがあります。いずれの政党も、反ＥＵ、「自国第一主義」を旗印に掲げる極右政党です。

ところで、政治の話題が出た時に、右翼（右派）、左翼（左派）という言い方をします。

Q 右翼と左翼、それぞれどんな意味か知っていますか？

——**日本では、右翼が自民党で、左翼が社民党や共産党です**。

現在の日本では、そういうイメージですね。右翼、左翼という言葉が生まれたのはフランスなんですね。フランス革命が起き、「自由・平等・博愛」を掲げる共和制に移行する時、国民議会が開かれました。議長席から見て右側に国王の権利を認めるべきだ、という人たち（王党派）が座ったんですね。一方、国民の権利を強くするべきだ、という人たちは左側に座っていました。そこから従来の伝統的な政治体制を守ろうとする人たちを右翼、変えようという人たちを左翼、という概念が生まれたのです。

ところが、右翼、左翼の概念を大きく変える出来事が起こります。１９１７年のロシア革命です。レーニンによって共産主義を目指す国家がつくられました。資本主義という現体制をひっくり返そうとしたわけですから、これは左翼という考え方になります。

フランス革命で絶対王制が倒され、「自由・平等・博愛」という三つの思想を掲げる共和制に移行したよね。レーニンのような共産主義の考え方の人たちは、資本家と労働者の格差が広がる中で、三つの思想のうち「平等」を大切にしようと考えます。

平等を大切にするためには政治的自由は制限してもいい、「自由より平等」と左翼が変化していく。これを見て伝統的な右翼、つまり現体制を守ろうとする人たちは、「自由こそがいちばん大切」というふうになっていきました。自由も平等もどちらも大切なんですが、相対的にどちらが大切か、という観点から、右翼と左翼の対立構造が変化したわけです。

さらに、なんでも自由が大切なんだ、と考えると、経済活動においても自由が大切だ、それによって格差が生じても仕方がないじゃないか、という考え方が生まれます。いわゆる「新自由主義者」です。こういう人たちは右翼か左翼かということになると右翼に分類されます。

それに対して「平等」がいちばん大切と考える社会主義思想の考え方、ソ連のような共産主義を目指す国家だと、周りの資本主義国（＝敵）から我が国を守るためには、政治的自由を制限してもいいんだ、制限されなくてはならない、政府に反対する連中は捕まえてしまおう、という自由に対する抑圧が起きるわけです。そうすると左翼の中でも「いや、平等は大切だけれど自由が抑圧されるのはおかしい」と考える人たちが出てくる。これが「社会民主主義」という考え方です。

現在の北欧諸国がそうですよね。スウェーデン、フィンランド、デンマークの各国は、社会主義的な政治が行われていますが、表現の自由は保障されています。

ＥＵ統合の根幹が揺らいでいる

では、現ＥＵに台頭してきている「極右」勢力とは何か。

右翼の思想の根底には、伝統的な考え方を維持しようという考え方があります。それが極端になると「我々の歴史と文化だけが素晴らしいものであってそれを否定するものは許せない。我が民族こそが優秀で、ほかは劣った民族だ」という考え方も出てきます。

――まるでユダヤ人を排斥したナチス・ドイツのようです。

そうだね。極右の考え方がエスカレートしていくと、自分の民族以外排撃する、という危険な思想になる可能性があるのです。

フランスでは、２０１５年１月７日、風刺週刊紙「シャルリー・エブド」の発行元が襲撃され、同年11月13日にはパリで同時多発テロが発生しました。その後も各地でテロが続いています。

フランス国内では難民受け入れに反対する声はもちろん、イスラム教徒に対する反発の声も大きくなっています。

その象徴ともいえる出来事が２０１７年のフランス大統領選挙です。極右政党「国民戦線」の党首マリーヌ・ルペンが、どんどん支持を伸ばし、なんと決選投票にまで駒を進めたのです。

ルペンは「我々はもともとカトリックを信じてきた国だ。だから、イスラム教徒は出ていくべきだ。フランスの伝統的なカトリックの思想を支持する人だけが住むべきだ」と主張しました。

極左の候補メランションも最初の投票で敗れましたが、立候補していました。メランションは「今のフランスの政治体制をひっくり返してもかまわない。平等を大事にした社会をつくろう」と訴えました。両極といってもよい考え方のふたりが立候補したわけです。

極右、極左の支持者の中には「自分たちの主張を貫くためには、暴力を使ってもかまわない」と考える人たちも出てきます。

結局、フランス大統領選挙では、極右、極左の候補は敗れ、親ＥＵ派で中道のマクロンが新大統領に選ばれました。右翼、左翼両方の考え方に偏ることのない政策をとるのが中道です。もし極右のルペン候補が勝っていたら、フランスもＥＵから離脱する可能性がないとはいえなかったのです。テロに揺れるフランスの中に極右、極左の思想が広がっていることは事実です。

オランダも、これまでは移民や難民の受け入れに寛容でした。反イスラム、ＥＵ離脱を主張する極右政党「自由党（ＰＶＶ）」は支持を集めることができませんでした。

オランダは「同一労働、同一賃金」のワークシェアリングを実践している国としても有名です。ひとつの仕事を9時から15時までＡさんが、15時から19時まではＢさんが行いシェアする。そうすることで失業は減ります。

ところが、ユーロ危機によって経済は停滞し、失業者も増えてきます。さらにオランダ人をクビにして、賃金の安い移民を採用する会社も出始めると、国民に不満が募ります。

それまでは過激すぎて支持を口にすることもはばかられていた「自由党（ＰＶＶ）」を支持する人が増えているといいます。

100万人を超える難民を無制限に受け入れたドイツでも、新興の右派政党「ドイツのための選択肢」への支持が少しずつ増え始めています。まだ、メルケル首相を脅かすほどの力は持っていませんが、軽視できない徴候です。

現在のドイツはヒトラーを生んだ反省からスタートしました。極右の「自国第一主義」は、ヒトラーやナチス・ドイツの思想につながるとして、嫌悪されてきました。そんなドイツで、堂々と愛国主義を唱える人々が出てきている。現状に対する不満が大きくなっている証拠でしょう。「自国第一主義」の台頭は、EU統合の根幹を揺るがしかねません。

トルコがEUに加盟できない理由

EU、さらにはヨーロッパを語る時に、無視できない国があります。この本の最初に、ヨーロッパとはどこを指すのかという話をしました。ここでまた地図（p16地図①）を見てください。

Qギリシャやブルガリアと国境を接してはいるけれど、ヨーロッパには区

分されていない国がありますね。

――トルコです。

そうです。トルコは、黒海から地中海につながるボスポラス海峡を挟んで、ヨーロッパと中東両方のエリアにまたがっています。地理的にアジアとヨーロッパを区分する場所が、このボスポラス海峡なんです。

では、トルコはどちらに属するのか。ボスポラス海峡の西側、ヨーロッパに属する部分はごくわずかで、大部分は東側の中東に属します。中東は地理的には西アジアに区分されるので、トルコの大部分はアジア側。つまり、地理的には、トルコはヨーロッパではないのです。ちなみに、世界でも人気の観光地イスタンブールはヨーロッパ側にあります。

Qトルコは、かつてなんという国でしたか？

――オスマン帝国です。

そうだね。オスマン帝国は17世紀後半の全盛期には、アジアからヨーロッパまで、広大な地域を支配していました。現在トルコで独裁化を進めているエルドアン大統領（写真⑯）は、強大だったオスマン帝国の復活を目指しているともいわれています。

第一次世界大戦でオスマン帝国が滅びます。その後、現在のトルコ共和国が誕生します

図表⑯—トルコ共和国とは

イスタンブールに、ヨーロッパとアジアの地理的境界である
ボスポラス海峡があるため、双方の文化が交じり合う。

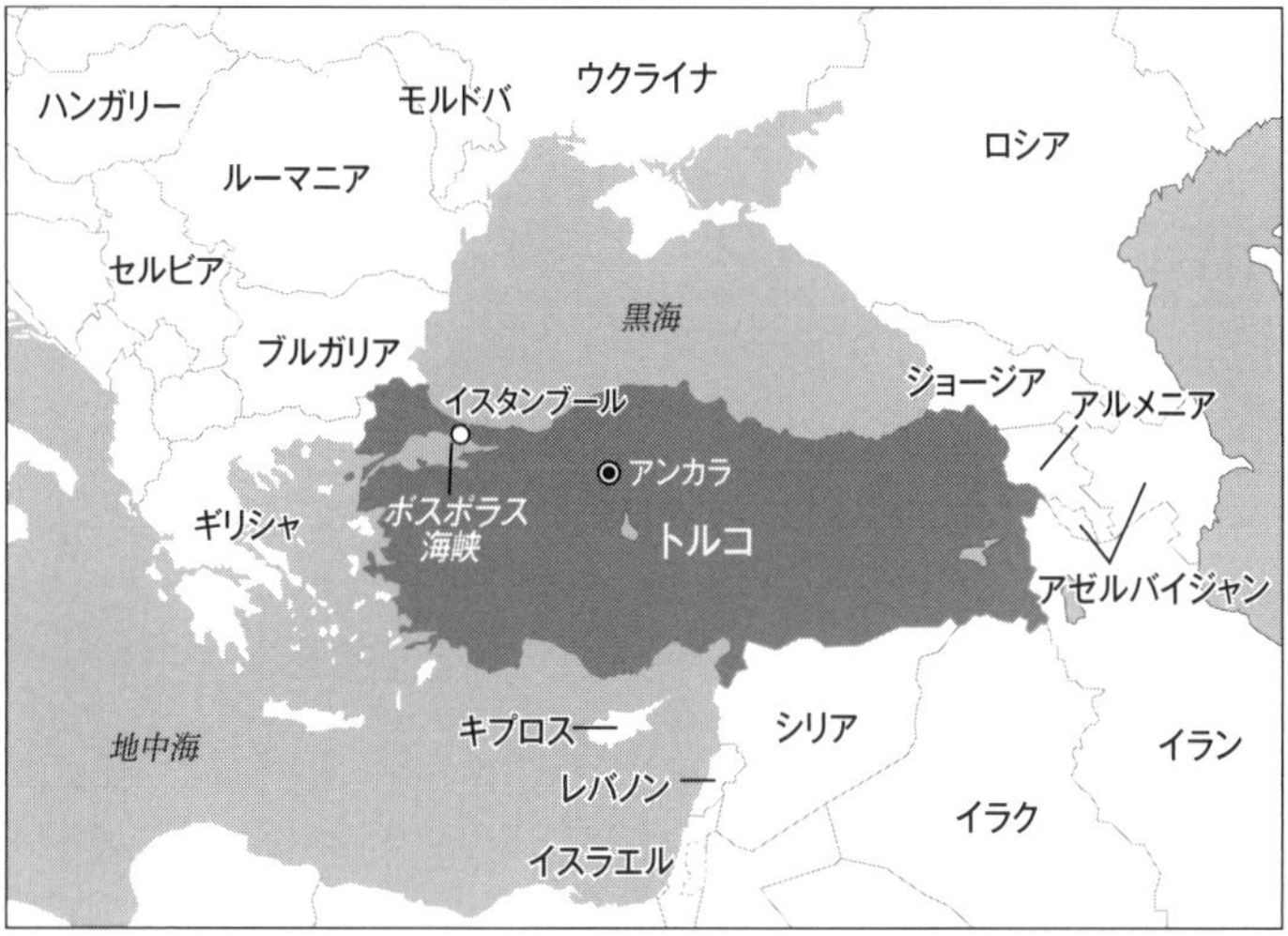

トルコ略年表

1922年	オスマン帝国滅亡
1923年	トルコ共和国成立。初代大統領にケマル・アタチュルク
1952年	NATOに加盟
1987年	EC加盟申請
1999年	EUがトルコを加盟候補国に認定
2003年	エルドアンが首相に就任
2005年	EUへの加盟交渉開始
2014年	首相の任期満了に伴う大統領選でエルドアンが当選

写真⑯—エルドアン大統領

写真提供:共同通信社

トルコ基礎情報

建国	1923年10月29日
面積	78万576平方キロメートル (日本の約2倍)
人口	7981万4871人(2016年)
首都	アンカラ
民族	トルコ人7割、クルド人2割、ほかにアルメニア人、ギリシャ人、ユダヤ人
言語	トルコ語
宗教	99%がイスラム教(スンナ派、アレヴィー派)。ほかにギリシャ正教、アルメニア正教、ユダヤ教
政体	共和制
元首	レジェップ・タイップ・エルドアン大統領
通貨	トルコリラ
名目GDP	8574億2900万米ドル (2016年、世界17位)
1人あたりGDP	1万743米ドル(2016年、世界64位)

出典:外務省、トルコ統計局、IMFなどのデータをもとに編集部が作成

（p209図表⑯）。

建国の父と呼ばれる、初代大統領ムスタファ・ケマル・アタチュルクがトルコの民主化、近代化を一挙に進めます。

オスマン帝国は、イスラム教の国。言葉はトルコ語です。トルコ語はアラビア文字を使って表記されていました。アラビア文字は、右から左に書くんですね。

当時、近代化するということは、ヨーロッパの国のようになること。アタチュルクは、ヨーロッパと違う文字を使っていては近代化できないと考えます。アラビア文字をやめて、アルファベットをもとにした新しいトルコ語表記を始めました。ただトルコ語をそのまま26文字のアルファベットに置き換えることは難しく、トルコ語特有の文字も少し含まれています。

Q 今まで使っていた文字が使えなくなる。そうすると、どういうことが起こると思いますか？

――**みんな文字が読めなくなります**。

それまでトルコは、識字率が高かったのですが、アルファベット導入後、識字率は2％にまで落ち込みます。

国民のほとんどが、読み書きできなくなりました。しかしアタチュルクは、そこから徹底的な教育を行います。国民みんながアルファベットでのトルコ語の読み書きができるようになりました。

トルコの近代化にあたっては、無謀とも思える決断とそれを実行するリーダーシップ、そして国民の努力があったのだと思います。

アタチュルク大統領によって変革された近代トルコは、さらにヨーロッパ化を目指します。EC（EUの前身）にも加盟を申請します。ところが、ヨーロッパの国々の反応は冷たかった。トルコはヨーロッパとして認められないと、多くの国が反対します。

Q トルコがEUに入ると経済圏も広がって、ビジネスチャンスも増えるはずです。なぜ、みんな反対したのでしょう？

——先ほど、トルコはイスラム教の国だと習いました。ヨーロッパはキリスト教です。違う宗教だから嫌だったのではないでしょうか。

そのとおりです。イスラム教に対して、アレルギー反応を示したのですね。

東西冷戦終結後、東ヨーロッパ諸国が大挙して西側に入ってきて、EUへの加盟申請をします。

当時のチェコスロバキア（現在はチェコとスロバキアに分離）もポーランドもハンガリーもブルガリアもルーマニアも、キリスト教の国なんですね。西ヨーロッパの国々は、カトリックとプロテスタント。東側諸国は東方正教会です。宗派は違いますが、みんなキリスト教です。

トルコに対するEU加盟拒否は「EUとはキリスト教の国々による同盟ではないか」という本質が露呈した出来事です。

トルコがEUの難民問題の鍵を握る

先ほど、EUがトルコの加盟申請を拒否したと言いましたが、正確には面と向かって「NO」を出したわけではないのです。

トルコの国土の一部はヨーロッパ圏内にあります（p209図表⑯）。建前としてはEUへの加盟申請を拒否する理由はありません。

でも本音では、イスラム教の国を受け入れたくはない。そこで、トルコに対して、さまざまな注文をつけたのですね。

たとえば、オスマン帝国の時代に、クルディスタンというクルド人が住んでいる地域がありました。オスマン帝国崩壊後、クルディスタンはトルコ、イラン、イラクなど周りの国によって、勝手に分割されてしまいます。

クルド人は全部集めれば３０００万人を超える一大民族です。しかし分割されたため、それぞれの国では少数民族になってしまいました。

クルド人には、再び自分たちの国をつくりたいという思いがあります。ところが、トルコはクルド人の存在を認めなかったのです。山岳地帯に暮らす民族だから、山岳トルコ人と呼びました。クルド語の使用も認めませんでした。

それに対して、ＥＵが注文をつけます。トルコではクルド人の人権が守られていない。少数民族を認めない、そんな国をＥＵに加盟させることはできないと。トルコはしぶしぶクルド人の存在を認めました。現在では、クルド語の使用も認められています。

次はトルコの死刑制度に文句をつけます。ＥＵの国々には死刑制度がありません。文明国ならば、死刑を廃止するべきだという理由です。トルコは、死刑制度を廃止しました。

このように、ＥＵからの要求をことごとく受け入れてきたのに、ＥＵはそのたびに違う注文をつけてくる。結果的に、トルコはＥＵへの加盟がいまだに認められていません。

しかしトルコに、エルドアン大統領という独裁者が登場すると、ＥＵとの関係に暗雲が漂い始めます。

エルドアンは2003年から14年までトルコの首相でした。首相の任期を満了したエルドアンは大統領選挙に出馬し、当選します。しかし大統領には政治的権限はありません。トルコの大統領は名目上の国家元首で、国民統合の象徴という立場。政治的な権力は持っていなかったのです。

そこでエルドアンは自分の腹心を首相にして、事実上実権を握ります。

さらに、大統領に絶対的な権限を与えるための憲法改正を発議。2017年4月16日の国民投票の結果、賛成が過半数を占め、憲法改正は可決されました。

——なぜトルコの国民は、独裁になるとわかっていながらエルドアンを支持したのですか。

いい質問ですね。エルドアンは首相時代に、トルコの経済を復興させ、反目していたクルド人組織との和解にも成功します。政治家としては非常に優秀なんですね。

国民は、エルドアンの政治的実力を知っています。弱いリーダーに任せて経済が低迷するより、独裁者でもいいからトルコ経済をもっと強くしてくれるエルドアンを選んだのです。

トルコは二重国籍を認めています。EUをはじめ西ヨーロッパ諸国でも数多くのトルコ人たちが暮らしています。その数は、460万人ともいわれています。もしその人たちが、反対票を投じたら、エルドアンの目論見は崩れてしまいます。

エルドアンは国外で暮らすトルコ人たちが国民投票で賛成票を投じるように、各国で行われる集会にトルコの閣僚を送り込み、さまざまな工作を行いました。

それに対し、西ヨーロッパ諸国では、エルドアン支持者による集会に規制を設けるところも出てきました。それは不公平ではないかと、エルドアン大統領は激怒します。難民を全部EUに送り込むと脅しをかけました。

国民投票の結果、独裁の権力を得たエルドアンは、トルコのEU加盟に対しても、もう必要はないと言っています。つまり、EUのいうことは何も聞かないぞという、脅しでもあるんですね。

イギリスのEU離脱の国民投票と同様、トルコの国民投票の結果も非常に危険な要素を含んでいます。トルコでは、エルドアン大統領を批判する公務員や大学教授が次々とクビになり、逮捕されています。

さらに政権に批判的な報道関係者も逮捕し、新聞社を政府の管轄下に置きました。明らかな言論統制です。トルコの民主主義は、崩壊寸前だといってもいいでしょう。

さらに、EUを揺るがしているシリア難民の問題には、シリアと国境を接しているトルコが大きく関わっているのです。

EUへの難民の多くは、トルコを経由してギリシャに向かいます。しかしEUの入り口であるギリシャの受け入れ許容量が限界を超え始めているのです。ＥＵ側は密入国者をトルコに送還し、トルコは送還を受けつけるかわりに莫大な支援金を受け取ります。難民が武器になったのです。

シリアの内戦が終結しないかぎり難民は増え続ける一方ですから、これでは根本的な問題解決にはなりません。もしトルコが、難民に対する防波堤の役割を放棄したら……。

独裁政権が誕生したトルコとＥＵの関係は非常に危うい状態になっています。トルコとの関係をどう保っていくのか。ＥＵは頭を悩ませているのです。

急ぎすぎた統合への反省

世界史を学んでいくと、今なぜこの国はこんなことをしようとしているのか、こんな方向に進んでいるのか、国際情勢を理解する指針が見えてきます。

「愚者は経験に学び、賢者は歴史に学ぶ」――19世紀ドイツで「鉄血宰相」と呼ばれた政治家ビスマルクの有名な言葉です。

誰でも自分の経験に学ぶことはできる。でも、いろんなことを経験できるわけではない。歴史の反省から学ぶことができるものが賢者であるという教えです。

現在、EUはかなり危機的な状況です。加盟国は増えて、28か国になった。名目GDPもEU全体で世界の2割強を占めるまでになりました。

しかし、イギリスの離脱が決まり、難民問題やテロ問題で、自国第一を謳う極右勢力が台頭。強固であったはずのEUの結束がほころび始めているのです。

EUはそもそも、第一次世界大戦、第二次世界大戦を経て、ヨーロッパから戦争をなくすには、ヨーロッパ全体がひとつの国になればいい、という理想から出発しました。最初は6か国から始まり、一歩一歩試行錯誤しながら、統合を進めてきました。

EU成立以後、一度も大きな戦争は起こらなかった。これは大きな成果です。

しかし平和のために国境をなくした結果、難民の問題やテロ問題が発生しました。もしかしたら、我々は急ぎすぎたのではないか？　そんな反省の声が聞こえてきます。

みんな同じスピードで進めるのではなく、それぞれの国情に合わせて、ゆっくり着実に統合を進めていこう。EUの中に「マルチスピード」という考え方が芽生えてきました。

EUの歴史を見ると、人間の崇高な理想と人間の愚かさという、両方が見えてくるんですね。ヨーロッパをひとつにしたいという崇高な理想を持っている。しかし、個別の話になると、難民政策でも歩調はそろわない。受け入れる国、受け入れたくない国、それぞれに言い分が異なります。

ＥＵという理想を高く掲げ、足元を見ながら一歩一歩前に進んできました。そのスピードが早すぎた。少しあと戻りしている状態が、今のＥＵなのかもしれません。

ヨーロッパの歴史、ＥＵの歴史から私たちが学べることはたくさんあると思います。歴史を学ぶ、あるいは現代史を学ぶ、ニュースを学ぶ。そこから、今の私たちはどう生きるべきかという、指針が見えてくると思います。

EU加盟国データ

｜出典：外務省ホームページ、IMF のデータをもとに編集部が作成

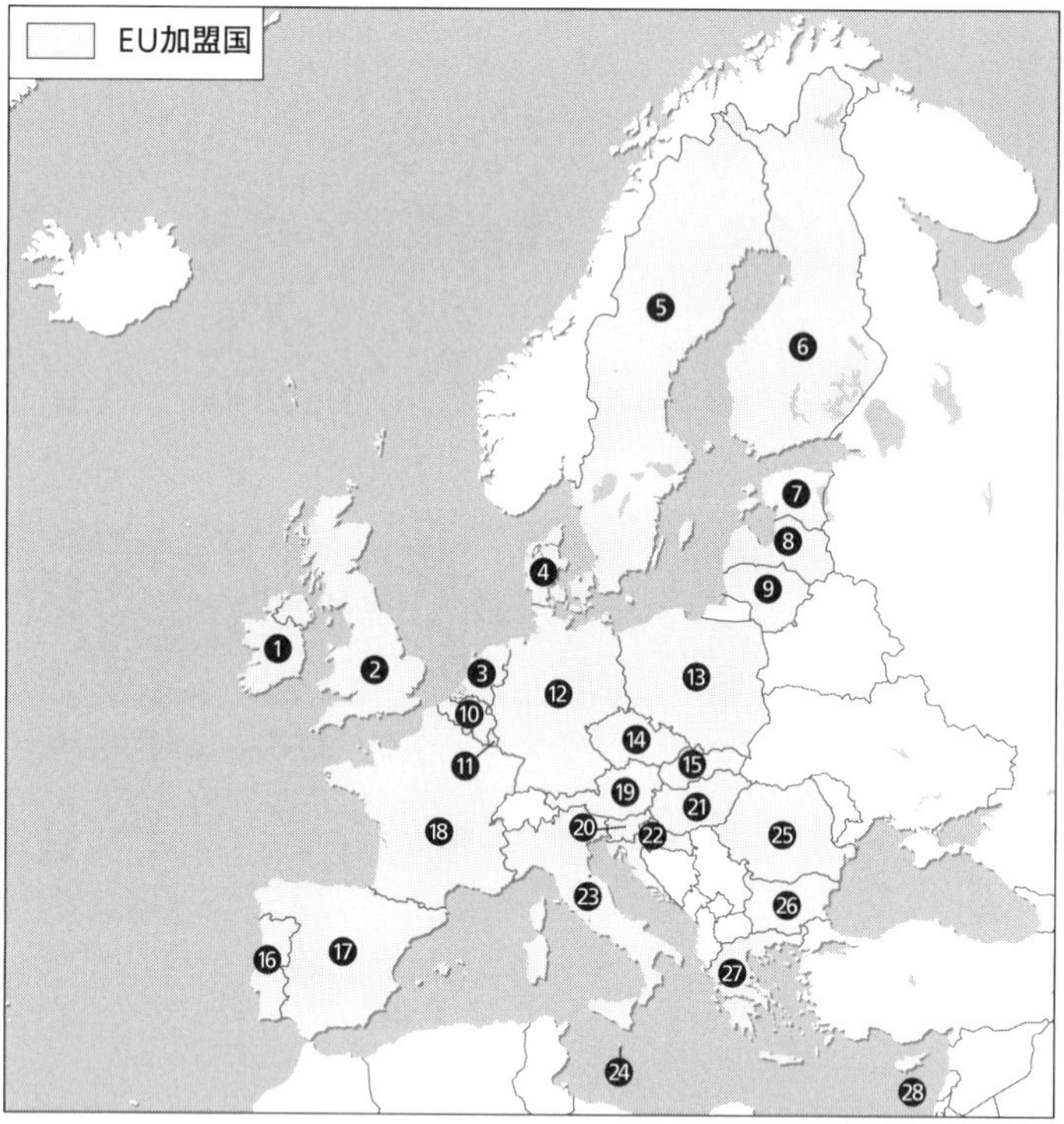

凡例
1 面積
2 人口
3 言語
4 宗教
5 政体
6 GDP
（世界順位／2016年）

1 アイルランド
2 イギリス
（グレートブリテンおよび北アイルランド連合王国）
3 オランダ王国
4 デンマーク王国
5 スウェーデン王国
6 フィンランド共和国
7 エストニア共和国
8 ラトビア共和国
9 リトアニア共和国
10 ベルギー王国
11 ルクセンブルク大公国
12 ドイツ連邦共和国
13 ポーランド共和国
14 チェコ共和国
15 スロバキア共和国
16 ポルトガル共和国
17 スペイン王国
18 フランス共和国
19 オーストリア共和国
20 スロベニア共和国
21 ハンガリー
22 クロアチア共和国
23 イタリア共和国
24 マルタ共和国
25 ルーマニア
26 ブルガリア共和国
27 ギリシャ共和国
28 キプロス共和国

※イギリスは2020年1月31日にEUを離脱

❶アイルランド

1 約7万平方キロメートル
2 約476万人(2016年)
3 アイルランド語(ゲール語)、英語
4 キリスト教(84.2%がカトリック教徒)
5 立憲共和制
6 2936億ドル(40位)

❷イギリス

(グレートブリテンおよび北アイルランド連合王国)

1 約24.3万平方キロメートル
2 約6511万人(2015年)
3 英語(ウェールズ語、ゲール語など)
4 キリスト教(イギリス国教など)
5 立憲君主制
6 2兆6291億ドル(5位)

❸オランダ王国

1 約4.1万平方キロメートル
2 約1709万人(2017年)
3 オランダ語
4 キリスト教、イスラム教、ヒンズー教、仏教、無宗教
5 立憲君主制
6 7711億ドル(18位)

❹デンマーク王国

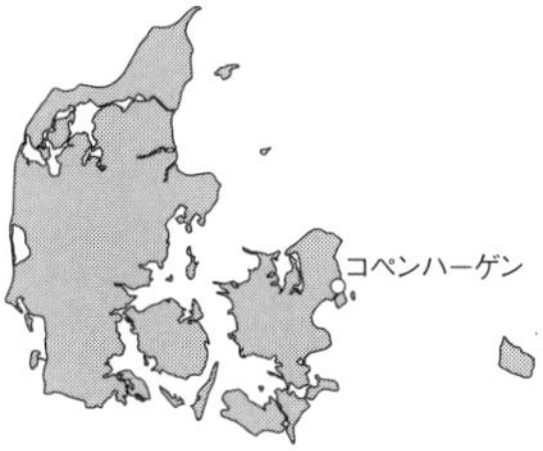

1 約4.3万平方キロメートル
2 約570万人(2017年)
3 デンマーク語
4 キリスト教(福音ルーテル派が国教)
5 立憲君主制
6 3067億ドル(35位)

❼エストニア共和国

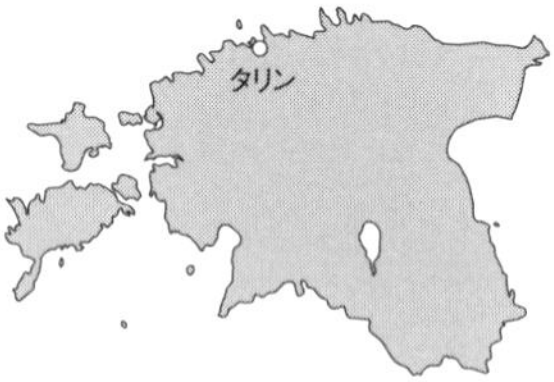

1 約4.5万平方キロメートル
2 約131万人(2016年)
3 エストニア語
4 国民の半数以上は無宗教(ほかキリスト教のロシア正教、ルター派など)
5 共和制
6 231億ドル(104位)

❺スウェーデン王国

1 約45万平方キロメートル
2 約1000万人(2017年)
3 スウェーデン語
4 キリスト教(福音ルーテル派が多数)
5 立憲君主制
6 5113億ドル(23位)

❽ラトビア共和国

1 約6.5万平方キロメートル
2 約213万人(2017年)
3 ラトビア語
4 キリスト教(ルター派、カトリック、ロシア正教)
5 共和制
6 276億ドル(99位)

❻フィンランド共和国

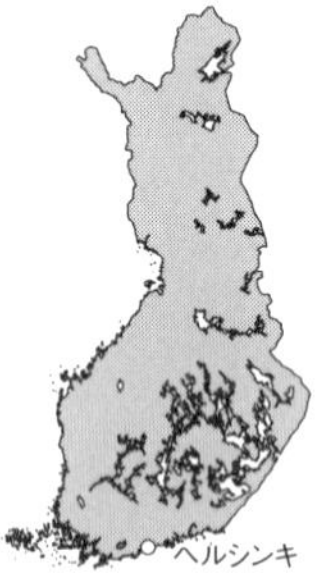

1 約33.8万平方キロメートル
2 約550万人(2017年)
3 フィンランド語、スウェーデン語
4 キリスト教(福音ルーテル派、正教会ほか)
5 共和制
6 2368億ドル(45位)

❾リトアニア共和国

1 約6.5万平方キロメートル
2 約284.9万人(2017年)
3 リトアニア語
4 主にキリスト教のカトリック
5 共和制
6 427億ドル(87位)

❿ベルギー王国

1 約3万平方キロメートル
2 約1132万人(2015年)
3 オランダ語、フランス語、ドイツ語
4 キリスト教(カトリックが主流)、イスラム教
5 立憲君主制
6 4669億ドル(25位)

⓫ルクセンブルク大公国

1 約2586平方キロメートル
2 57万6249人(2016年)
3 ルクセンブルク語、フランス語、ドイツ語
4 キリスト教(カトリックが大多数)
5 立憲君主制
6 594億ドル(75位)

⓬ドイツ連邦共和国

1 約35.7万平方キロメートル
2 約8218万人(2015年)
3 ドイツ語
4 キリスト教(カトリック、プロテスタント)、イスラム教など
5 連邦共和制
6 3兆4666億ドル(4位)

⓭ポーランド共和国

1 約31.2万平方キロメートル
2 約3844万人(2016年)
3 ポーランド語
4 キリスト教(カトリックが大多数)
5 共和制
6 4675億ドル(24位)

⓮チェコ共和国

1 約7.8万平方キロメートル
2 約1057万人(2016年)
3 チェコ語
4 3割強が無信仰、ほかキリスト教(カトリック)
5 共和制
6 1929億ドル(51位)

⓯スロバキア共和国

1 約4.9万平方キロメートル
2 約544.5万人(2016年)
3 スロバキア語
4 キリスト教(カトリック、ほかルター派)
5 共和制
6 895億ドル(66位)

⓰ポルトガル共和国

1 約9.1万平方キロメートル
2 約1037万人(2014年)
3 ポルトガル語
4 キリスト教(カトリックが大多数)
5 共和制
6 2047億ドル(47位)

⑰スペイン王国

1 約50.6万平方キロメートル
2 約4646万人(2016年)
3 スペイン語、カタルーニャ語、ガリシア語、バレンシア語、アラン語
4 キリスト教(カトリックが大多数)
5 議会君主制
6 1兆2325億ドル(14位)

⑱フランス共和国

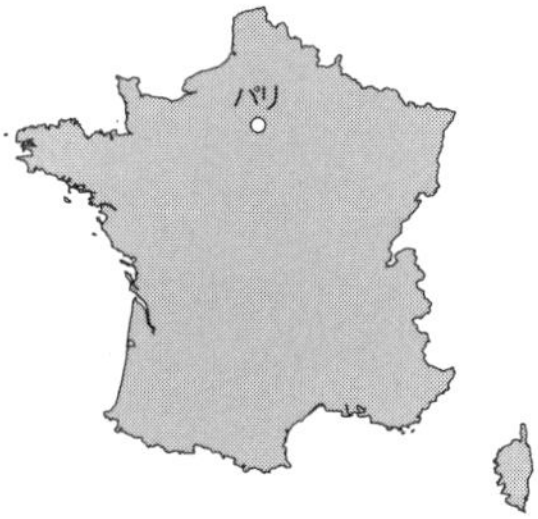

1 約54.4万平方キロメートル
2 約6699万人(2017年)
3 フランス語
4 キリスト教(カトリック、プロテスタント)、イスラム教、ユダヤ教など
5 共和制
6 2兆4632億ドル(6位)

⑲オーストリア共和国

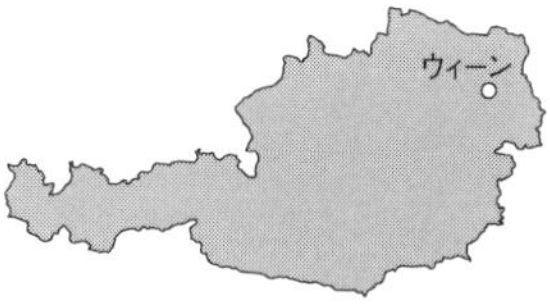

1 約8.4万平方キロメートル
2 約860万人
3 ドイツ語
4 キリスト教(6割以上がカトリック。プロテスタント)、イスラム教など
5 連邦共和制
6 3867億ドル(28位)

⑳スロベニア共和国

1 約2万平方キロメートル
2 約206.6万人(2017年)
3 スロベニア語
4 キリスト教(カトリックが半数以上。セルビア正教)、イスラム教など
5 共和制
6 440億ドル(85位)

㉑ハンガリー

1 約9.3万平方キロメートル
2 約980万人（2017年）
3 ハンガリー語
4 キリスト教（カトリック、カルヴァン派）
5 共和制
6 1256億ドル（58位）

㉒クロアチア共和国

1 約5.6万平方キロメートル
2 約428.5万人（2012年）
3 クロアチア語
4 キリスト教（カトリック、セルビア正教など）
5 共和制
6 504億ドル（81位）

㉓イタリア共和国

1 約30.1万平方キロメートル
2 約6070万人（2016年）
3 イタリア語（地域によりドイツ語、フランス語など）
4 キリスト教（カトリックが大多数。プロテスタント）、ユダヤ教、イスラム教など
5 共和制
6 1兆8507億ドル（8位）

㉔マルタ共和国

1 約316平方キロメートル
2 約43万人（2015年）
3 マルタ語、英語
4 キリスト教（カトリック）
5 共和制
6 109億ドル（131位）

㉕ルーマニア

1 約23.8万平方キロメートル
2 約1976万人(2016年)
3 ルーマニア語、ハンガリー語
4 キリスト教(ルーマニア正教、カトリック)
5 共和制
6 1870億ドル(52位)

㉖ブルガリア共和国

1 約11.1万平方キロメートル
2 約717万人(2015年)
3 ブルガリア語
4 キリスト教(ブルガリア正教が大多数)、イスラム教など
5 共和制
6 524億ドル(79位)

㉗ギリシャ共和国

1 約13.2万平方キロメートル
2 約1081万人(2015年)
3 現代ギリシャ語
4 キリスト教(ギリシャ正教)
5 共和制
6 1942億ドル(50位)

㉘キプロス共和国

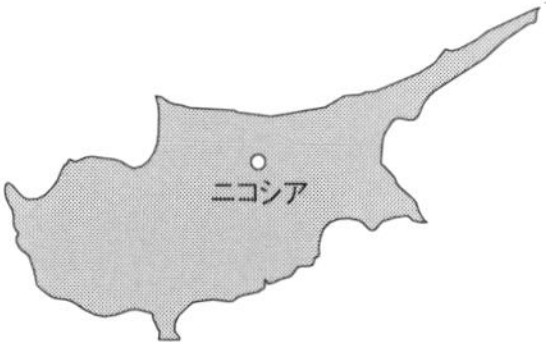

1 約9251平方キロメートル
2 約84万7000人(2014年)
3 現代ギリシャ語、トルコ語、英語
4 キリスト教(ギリシャ正教)、イスラム教など
5 共和制
6 198億ドル(111位)

ドイツとEU略年表（本書に関連した項目を中心に作成）

1871 ドイツ統一によりドイツ帝国成立。
1882 ドイツ、オーストリア、イタリアが三国同盟を締結。
1914 オーストリア皇太子がサラエボでセルビア人青年により暗殺される。第一次世界大戦勃発。
1917 ロシア革命により帝政ロシア崩壊。
連合国側（イギリス、フランス、ロシアなど）にアメリカが参戦、ドイツ軍側が劣勢に。
1918 ドイツ、休戦協定に署名。第一次世界大戦終結。
1919 3月、ドイツにヴァイマル共和国成立。ヴァイマール憲法が制定される。
6月、ヴェルサイユ条約締結。
9月、ヒトラー、ドイツ労働党に入党。
1920 ドイツ労働党が国家社会主義ドイツ労働党（通称ナチ党）に改称。
1923 ナチ党、ミュンヘンでクーデターを起こすも失敗。ヒトラー投獄される。
1925 ヒトラー、獄中での口述筆記による『我が闘争』刊行。
1929 世界大恐慌始まる。
1932 ヒトラー、国会議員に当選。ナチ党が国会の最大政党に。
1933 ヒトラーが首相に就任。ヴァイマル共和国が事実上崩壊し、ナチ党による独裁政治始まる。
「帝国アウトバーン計画」起工。13万人の雇用を生む。
1935 ドイツ、再軍備宣言。
1938 ドイツ、オーストリア併合。
1939 ドイツ軍、ポーランド侵攻。イギリス・フランスがドイツに宣戦布告。
1940 日本・ドイツ・イタリア三国軍事同盟。
1941 6月、ドイツとソ連が戦闘開始。12月、日本がハワイの真珠湾攻撃。第二次世界大戦開戦。
この頃からナチス・ドイツによるユダヤ人の収容所への移送、ホロコーストが始まる。犠牲者600万人。
1944 連合軍、ノルマンディー上陸作戦。
1945 2月、ヤルタ会談。
4月30日、ヒトラー、ベルリンの地下壕で自殺。5月ベルリン陥落によりドイツ軍降伏。6月、ベルリン宣言により、アメリカ、イギリス、ソ連、フランスの4国によるドイツ統治が始まる。
8月、アメリカが広島、長崎に原爆投下。日本軍がポツダム宣言を受諾。第二次世界大戦終結。
10月、チトーの指導のもと、ユーゴスラビア社会主義連邦共和国建国。
1946 チャーチル、アメリカで「鉄のカーテン」演説。
1948 2月、チェコスロバキア共産党によるクーデター発生。
5月、イスラエル建国。

1949 NATO（北大西洋条約機構）創設。12か国が参加。ドイツ連邦共和国（西ドイツ）、ドイツ民主共和国（東ドイツ）がそれぞれ成立。
1951 パリ条約締結。
1952 「欧州石炭鉄鋼共同体（ECSC）」設立。フランス、西ドイツ、イタリア、オランダ、ベルギー、ルクセンブルクの6か国が参加。
1955 ワルシャワ条約機構結成。8か国が参加。
1957 3月、ローマ条約調印により「欧州経済共同体（EEC）」と「欧州原子力共同体（EURATOM）」の創設が決定。
1958 「欧州経済共同体（EEC）」「欧州原子力共同体（EURATOM）」発足。
1961 ベルリンの壁建設。
1963 イギリス、EECに加盟申請するも拒否される。
1967 ECSC、EEC、EURATOMをまとめた「欧州共同体（EC）」誕生。
1968 チェコスロバキアで変革運動「プラハの春」。
1973 ECにイギリス、デンマーク、アイルランドが加盟（全9か国）。
1978 ヨーロッパ通貨制度（EMS）導入。
1979 欧州通貨単位ECU（エキュ）使用開始。
1980 5月、ユーゴスラビアのチトー大統領死亡。
1981 ECにギリシャが加盟（全10か国）。
1985 シェンゲン協定署名。
1986 ECにスペイン、ポルトガルが加盟（全12か国）。
1987 トルコ、ECに加盟申請。

1989 6月にポーランド、10月にハンガリーが民主化宣言。

7月、オーストリア、EUに加盟申請。

11月、ベルリンの壁崩壊。

1990 6月、難民に関するダブリン条約締結。

7月、キプロス、マルタがEC加盟申請。

10月、東西ドイツ統一。

1991 7月、ワルシャワ条約機構解体。スウェーデン、EC加盟申請。

9月、ユーゴスラビアで内戦が激化。

12月、ソ連崩壊。

この年、クロアチア、スロベニア、ボスニア・ヘルツェゴビナ、マケドニアが独立。

1992 2月、マーストリヒト条約調印。

この年、フィンランド、スイス、ノルウェーがECに加盟申請。

1993 チェコスロバキアが解体し、チェコ共和国とスロバキア共和国に。

11月、EU（ヨーロッパ連合）誕生。

1994 1月、フランクフルトに欧州通貨機構（EMI）創設。

この年、ハンガリー、ポーランドがEUに加盟申請。

1995 1月、EUにオーストリア、フィンランド、スウェーデンが加盟（全15か国）。

3月、シェンゲン協定発効。

12月、NATO軍の介入でボスニア・ヘルツェゴビナ内戦が終結するも、紛争は依然続く。

この年、ルーマニア、スロバキア、エストニア、ラトビア、リトアニア、ブルガリアがEUに加盟申請。

1996 この年、チェコ、スロベニアがEUに加盟申請。

1998 欧州通貨機構を引き継ぐ欧州中央銀行（ECB）設立。初代総裁にドイセンベルクが就任。

ユーロ参加11か国を決定。

1999 3月、コソボ紛争でNATO軍がセルビアを空爆。

7月、オランダのハーグに「ユーロポール」設立。稼働開始。

2001 1月、ギリシャ、ユーロ参加を決定。

9月、アメリカで同時多発テロ。

2002 EU12か国で欧州共通通貨ユーロ（EURO）使用開始。

2003 ドイツのシュレーダー首相が経済改革プログラムを断行。

この年、クロアチアがEUに加盟申請。

2004 1月、EUにキプロス、チェコ、エストニア、ハンガリー、ラトビア、リトアニア、マルタ、ポーランド、スロバキア、スロベニアが加盟（全25か国）。

3月、マケドニアがEUに加盟申請。

10月、加盟国が欧州憲法条約に署名するも、フランス、オランダの国民投票で否決。

2005 10月、EU、トルコとの加盟交渉を開始。

11月、ドイツ総選挙でメルケルが勝利。首相に就任。

2007 1月、EUにブルガリア、ルーマニアが加盟（全27か国）。

3月、ローマ条約50周年、ベルリン宣言。

12月、欧州憲法条約を改編したリスボン条約に加盟国が署名。

2008 3月、ドイツのメルケル首相、イスラエル議会で演説。

9月、リーマンショックによる世界的な不況が起こる。

12月、モンテネグロがEUに加盟申請。


2009 10月、ギリシャの財政赤字が表面化したことで、欧州全体の経済危機へと発展。

12月、リスボン条約発効。

この年、アルバニア、アイスランド、セルビアがEUに加盟申請。

2010 この頃からユーロ危機の拡大。

2011 ドイツが脱原発を決定。

2012 EUがノーベル平和賞受賞。

2013 EUにクロアチアが加盟（全28か国）。

2015 1月、フランスの出版社シャルリー・エブドが襲撃される。

9月、ドイツのメルケル首相、無制限の難民受け入れ発表。

11月、パリで同時多発テロ発生。

この頃からヨーロッパにシリアや北アフリカ難民急増。

2016 2月、ボスニア・ヘルツェゴビナがEUに加盟申請。

6月、イギリスでEU離脱の是非を問う国民投票の結果、離脱が決定。

12月、ドイツのベルリンで過激派によるテロ発生。

2017 3月25日、ローマ条約60周年、ローマ宣言。

3月29日、イギリスのメイ首相がEU離脱の意思を欧州理事会議長に通知。

6月、イギリス、EU離脱に向けてEUとの交渉始まる。

9月、ドイツ総選挙でメルケル首相率いるキリスト教民主同盟（CDU）が第一党維持。

＊参考資料・文献／池上彰『そうだったのか！ 現代史』（集英社）、『20世紀年表』（毎日新聞社）、欧州連合HP、欧州中央銀行HP、外務省HP

おわりに

2017年9月に行われたドイツ連邦議会選挙で、これまで12年間にわたってドイツを率いてきたアンゲラ・メルケル首相の党「キリスト教民主同盟」（CDU）が、引き続き多数を占め、メルケル首相の長期政権が確定しました。メルケル首相の指導力が国民に支持されたのです。

その一方で、メルケル首相の方針に反対する「ドイツのための選択肢」（AfD）という政党が躍進し、議員数で第三党になりました。

ドイツでは、ナチス・ドイツ時代への反省から、極端な意見を持つ政党が議会に進出するのを防ぐため、得票率が5％を獲得しないと議員の当選が認められないことになっています。

当初は、この政党が5％を超えることはなく、議席を得られないのではないかと見られていましたが、12・6％も獲得したのです。

ＡｆＤは、ギリシャがユーロ危機に陥り、ドイツが救済を決めた時、これに反対する勢力によって結成されました。ドイツのＥＵからの離脱を求めています。共通通貨ユーロの廃止も主張しています。

また、イスラム教徒はドイツにふさわしくないとも主張し、ドイツのためになる移民以外の受け入れに反対しています。難民の受け入れにも懐疑的です。

いわばフランス大統領選挙で決戦投票に残った「国民戦線」のドイツ版とでも言うべき存在です。

メルケル首相は、選挙には勝ちましたが、ドイツ国内には、これまでの難民・移民受け入れ政策に疑問や反発を持っている人たちも一定数いることがわかりました。

今後、メルケル首相は難しい政治判断を迫られることになるでしょう。と同時に、「ドイツ第一」を掲げる政党が躍進したことに、周辺の国々は警戒心を強めることでしょう。ＡｆＤはナチス・ドイツを肯定はしていませんが、「ドイツには偉大な歴史もあったことを見直すべきだ」という発言も出ているからです。これが「ナチス・ドイツの現代版」にならないかを心配しているのです。

世界を見渡すと、「自国第一」を主張する政治家はヨーロッパだけではありません。アメリカのドナルド・トランプ大統領の存在に象徴されるように、世界中で「自分の国さえよければいい」という風潮が広がっています。

２０１７年９月に開かれた国連総会に初めて出席したトランプ大統領は、「世界各国が自国第一を貫くことが重要だ」と演説しました。これでは何のための国連なのだという声も出ています。

確かに各国の政治家にとって大事なことは、自国の国民の安全と幸福を増進させることです。

しかし、自国民の安全と幸福は、自国だけでは成し遂げられません。周辺各国と、そして世界各国と協調・協力してこそ実現できるものです。

ＥＵは、そしてドイツは、これからどこに進むのか。それはまた、日本がどこに向かって進むべきかを考える材料にもなることでしょう。

池上　彰

本書を刊行するにあたって、
東京都立戸山高校の
先生や生徒のみなさまにご協力いただきました。
厚く御礼申し上げます。
——編集部

池上 彰
いけがみ・あきら

1950年長野県生まれ。慶應義塾大学経済学部卒業後、73年にNHK入局。報道局社会部記者などを経て、94年4月から11年間にわたり、『週刊こどもニュース』のお父さん役を務め、わかりやすく丁寧な解説で人気を集める。
2005年にNHKを退職し、フリージャーナリストに。名城大学教授、東京工業大学特命教授。愛知学院大学、立教大学、信州大学、関西学院大学、日本大学、順天堂大学などでも講義を担当。主な著書に『池上彰のまんがでわかる現代史 東アジア』『伝える力』『知らないと恥をかく世界の大問題』などがある。

構成
片原泰志

ブックデザイン
鈴木成一デザイン室

地図製作
株式会社平凡社地図出版

編集協力
西之園あゆみ

校正
小学館出版クォリティーセンター

制作
斉藤陽子、太田真由美

販売
内山雄太

宣伝
金森 悠

編集
岡本八重子、園田健也

池上彰の世界の見方

Akira Ikegami, How To See the World

ドイツとEU

理想と現実のギャップ

2017年11月25日　初版第1刷発行
2023年 4 月11日　　　第3刷発行

著者
池上 彰

発行者
下山明子

発行所
株式会社小学館
〒101-8001 東京都千代田区一ツ橋2-3-1
編集03-3230-5112 販売03-5281-3555

印刷所
凸版印刷株式会社

製本所
株式会社 若林製本工場

ISBN978-4-09-388580-5